Klaus Jürgen Becker/Felix Aeschbacher

Im Tempel der
EKSTASE

Leidenschaftlich lieben:
Das Geheimnis von Sex und Eros

D1665701

HANS-NIETSCH-VERLAG

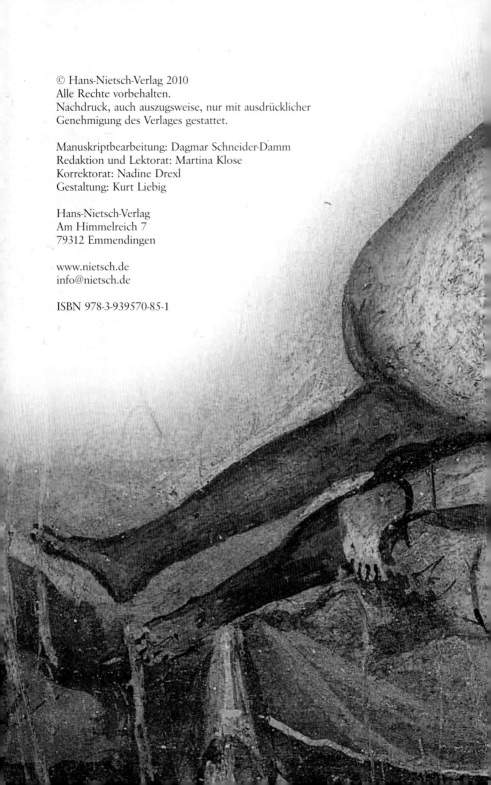

Manuskriptbearbeitung: Dagmar Schneider-Damm
Redaktion und Lektorat: Martina Klose
Korrektorat: Nadine Drexl
Gestaltung: Kurt Liebig

Hans-Nietsch-Verlag
Am Himmelreich 7
79312 Emmendingen

www.nietsch.de
info@nietsch.de

ISBN 978-3-939570-85-1

Im Tempel der
EKSTASE

Leidenschaftlich lieben:
Das Geheimnis von Sex und Eros

Inhalt

Liebeslied

Wie soll ich meine Seele halten, dass sie nicht an deine rührt?
Wie soll ich sie hinheben über dich zu andern Dingen?
Ach gerne möcht ich sie bei irgendwas Verlorenem
im Dunkel unterbringen
an einer fremden stillen Stelle, die nicht weiterschwingt,
wenn deine Tiefen schwingen.
Doch alles, was uns anrührt,
dich und mich, nimmt uns zusammen wie ein Bogenstrich,
der aus zwei Saiten eine Stimme zieht.
Auf welches Instrument sind wir gespannt?
Und welcher Spieler hat uns in der Hand? O süßes Lied!

Rainer Maria Rilke

Einführung: Der Eros als Brücke

Ein weiser Mann sagte einmal: „Der Eros ist eine Brücke, kein Selbstzweck. Es ist sinnlos, auf einer Brücke stehen zu bleiben, wenn es Zeit ist, zur anderen Seite hinüberzugehen. Töricht ist es aber, die Brücke erst gar nicht zu betreten."

Die Natur hat uns mit einem sexuellen Trieb ausgestattet. Und dieser schöpferische Akt wird – im Idealfall – mit einem Orgasmus belohnt. So ist sichergestellt, dass unsere Spezies nicht ausstirbt. Doch der Orgasmus gibt uns nur einen Vorgeschmack auf einen Bewusstseinszustand, mit dem wir in Kontakt kommen können: Da gibt es etwas Erhabenes, Großartiges, Wunderbares ... Der Eros kann uns viele Geheimnisse der Schöpfung lehren, wenn wir uns auf ihn einlassen.

In der Sexualität finden wir das Ja zum Leben, das Ja zu dem, *was ist*. Wenn wir sie als Brücke anerkennen, weist sie uns den Weg, auf dem Sex zu Liebe wird, Liebe zu umfassendem Mitgefühl und dies wiederum zu einem Gefühl der Verbundenheit mit dem universellen Geist und jener Einheit, die wir zu Beginn unseres Weges nur in den kurzen Augenblicken orgiastischer Erfahrung erspüren können.

Ein erfülltes Liebesleben kann uns einen Impuls geben, unsere Sexualität zu ehren und weiterzuentwickeln, sodass der Eros nicht nur Ursprung neuen Lebens ist, sondern vielmehr auch als Weg zu etwas Größerem dient. Die sexuelle Begegnung von Mann und Frau kann uns in die Reichweite des Unvorstellbaren bringen, uns dem nahe sein lassen, was kein Auge je gesehen und kein Ohr je gehört hat. In der sexuellen Begegnung mit einem Du können wir die Anwesenheit des Höchsten im Menschen erahnen.

Erfüllte Sexualität bietet uns die Möglichkeit, unsere Sinne zu verfeinern, und diese wiederum schenken uns Genuss ohne Reue und bringen Bewusstheit in unseren Körper. So wird unsere Liebeskunst erhabener, großartiger, wunderbarer ... sie dehnt sich auf die geistig-seelischen Bereiche aus. Am Ende des Weges sind wir zu wahrhaft Liebenden geworden und können Liebe geben und empfangen, auch ohne unseren physischen Körper dafür einsetzen zu müssen.

Dieser Weg ist jedem Menschen zugänglich, früher oder später. Wie ein Baum zuerst Knospen hervorbringt, dann Blüten und erst danach Früchte, die er letztendlich wieder loslässt, um sie dem großen Ganzen zur Verfügung zu stellen, so ist erfüllte Sexualität ein Weg des Knospens, des Reifens und des Loslassens.

Erfüllte Sexualität ist aus unserer Sicht der unmittelbarste und schnellste Weg, um die Einheit allen Lebens, die Verbundenheit mit den Königreichen der Tiere, der Pflanzen und der Mineralien, mit dem Ozean – schlichtweg mit *allem, was ist* – zu erfahren.

Wenn wir sexuell erfüllt sind, lächelt uns das Göttliche in jeder Blume, in jeder Wolke, jedem Stern ... entgegen. Was in den Versen von Rumi skizziert und in dem indischen Gayatri-Mantra besungen wurde, können wir selbst in den Augenblicken, in denen wir Liebe schenken und genießen, unmittelbar erleben.

Wir werden innerlich und äußerlich frei von Sucht, Begehren und Ablehnung, indem wir bewusst und liebevoll durch die sinnlichen Erfahrungen des Lebens hindurchgehen und uns erlauben, aus allem, was wir erfahren, Bewusstheit und Erkenntnis zu ziehen. Zu diesem Weg möchte *Im Tempel der Ekstase* Anregungen und Hilfestellungen geben. Es gibt verschiedene Zugänge zum höchsten Eros: den historischen, den ethischen, den praktischen mit Tipps und Übungen, doch einer darf in einem solchen Werk auf keinen Fall fehlen: der Zugang durch das Künstlerische – durch Bilder und durch die Dichtkunst. In der Lyrik und in den Weisheitslehren wird der Liebesakt durch kleine dezente Hinweise gestaltet und in Illustrationen erfährt er eine ästhetische Würdigung.

So gleicht *Im Tempel der Ekstase* selbst einem Kunstwerk, das das Herz und den ganzen Menschen berühren möchte. Lass die Texte, die

Gedichte und die Illustrationen, die du in diesem Buch findest, auf dich wirken. Sie vermitteln dir ein tiefes Empfinden dafür, was es bedeuten kann, wirklich erfüllt zu lieben.
Es ist nie zu spät für ein wunderbares Liebesleben. Auf diesem Weg wünschen wir dir, lieber Leser, viel Freude.

Klaus Jürgen Becker & Felix Aeschbacher
Im Sommer 2010

Anmerkung: Aus Gründen der Einfachheit wurde in diesem Buch zumeist die männliche Form (zum Beispiel der Geliebte, der Leser usw.) verwendet, gemeint und angesprochen sind selbstverständlich immer beide Geschlechter.

Unser sexuelles Erbe

IN DER KÖRPERLICHEN LIEBE sind wir aufgefordert, authentisch und leidenschaftlich zu sein. In ihr können wir nicht nur Befreiung von unserem alltagsgestressten „Ich" erlangen und unsere Persona, unsere Maske fallen lassen, mehr noch: Wir können in einer erfüllten Sexualität tiefste Erlösung unserer Schatten, tiefste Heilung und tiefstes Verstehen der Schöpfung erfahren.

Unser Körper entsteht im körperlichen Liebesakt. Unser sexuelles Erbe zu leugnen hieße also, unsere Körper zu verleugnen. Viele Kulturen, die vor uns auf dieser Erde lebten, hatten ein bewussteres Verhältnis zu Körperlichkeit und Erotik und wir können von ihnen lernen, indem wir das in uns gespeicherte innere Körperwissen wieder aktivieren. Wenn wir unser sexuelles Erbe annehmen, dann nehmen wir nicht nur uns selbst an, wir nehmen die ganze Schöpfung in uns auf.

Mystik

Es ist ein mystisches Band, an dem die Liebenden weben,
Mann und Frau, später ganze Gruppen von unterschwellig
Verbündeten. Es ist pure Mystik.

Der Eros – so alt wie die Menschheit selbst

Die pelasgische Schöpfungsgeschichte[1] erzählt, dass diese
Schöpfung aus der Sehnsucht Gottes entstanden sei, mit sich
selbst in Kontakt zu treten. Hier gibt es keinen Sündenfall,
keinen Satan, nur das Spiel der Einen Kraft mit sich selbst. Am Anfang
gab es nur Gott, der die gesamte Schöpfung und auch die Sexualität
aus sich selbst hervorbrachte.

Wenn wir uns bewusst machen, dass Gott die Liebe ist, aus der die
Welt entstand, können wir davon ausgehen, dass Gott *alles, was ist,*
aus sich selbst, aus dieser Liebe heraus, erschaffen hat ... also auch die
Sexualität. Und daraus folgt auch: Gott kann nichts gegen Sex einzu-
wenden haben, denn Er hat ihn ja schließlich „erfunden"!

Die universelle Kraft, die wir auch „Gott" nennen, umfasst die Einheit allen Seins. Und der Eros bietet einen direkten, unmittelbar nach-
fühlbaren Weg, die Einheit mit einem anderen Wesen zu erfahren.
Natürlich gibt es auch rein geistige Einheitserfahrungen, wie sie Mystiker der verschiedenen Weltreligionen erlebt haben und weiterhin erleben werden, aber im Eros wird diese Erfahrung leib-haftig. Die

Möglichkeit des Eros ist es, göttliche Liebe auf die materielle Ebene zu bringen und sie uns bis in die Zellen hinein spüren zu lassen. Die in der Sexualität frei werdende göttliche Kraft erinnert das Liebespaar in ihren Körpern an diese vollkommene Form der Liebe.

Es ist dabei zweitrangig, ob wir das kleine Fünkchen eines Orgasmus oder das strahlende Feuer einer tantrischen Ekstase erfahren – Liebe zu machen bedeutet, diese Kraft in unser Leben einzuladen. Kultivieren wir die körperliche Liebe als Unterstützung für seelisches und geistiges Wachstum, dann pflanzen wir quasi Bewusstheits-Samen in die fruchtbare Erde, wir hegen und pflegen sie ... und so entsteht im Laufe der Jahre ein riesiges fruchtbares Feld an freudvollen Erinnerungen im Garten unserer Seele. Wichtig ist dabei nicht, wie häufig wir uns der sinnlichen Liebe hingeben, sondern wie tief wir uns seelisch mit dem Geliebten verbunden fühlen.

Natürlich ist die sexuelle Liebe nur *eine* von vielen Möglichkeiten, Liebe auszudrücken und Liebe zu leben, sicherlich ist sie aber die leibhaftigste. Die Ebene der altruistischen Liebe ist ebenso vollkommen wie die Liebe einer Mutter zu ihrem Kind, die Liebe des Kindes zu seinen Eltern oder die Liebe zur Natur oder zu den Sternen. Doch in der Sexualität wird wie in keiner anderen Form sonst Leben „bestätigt", durch sie kann Leben entstehen. Haben wir den Garten unserer Seele durch erfüllte Sexualität kultiviert, kommen uns diese Erinnerungen in allen anderen Bereichen unseres Lebens zugute. Erfüllte Sexualität lässt uns leichter erfüllte Liebe (und Selbstliebe) erfahren.

Nimm deine eigene Sexualität bewusst an, wo immer du mit ihr stehst. Das wird dir helfen, auf dem geistig-seelischen Entwicklungsweg voranzukommen und im Alltag in Verbindung zu sein mit dem Geliebten, aber auch mit dem universellen Geist, der Befreiung und der Einheitserfahrung, die wir alle im Liebesakt suchen und finden können. Haben wir die Verbindung mit *allem, was ist,* einmal erfahren, ist sie für uns immer wieder abrufbar – mit und ohne Sex.

Mondnacht

Es war, als hätt' der Himmel die Erde still geküsst,
dass sie im Blütenschimmer von ihm nun träumen müsst.
Die Luft ging durch die Felder, die Ähren wogten sacht,
es rauschten leis die Wälder, so sternklar war die Nacht.
Und meine Seele spannte weit ihre Flügel aus,
flog durch die stillen Lande, als flöge sie nach Haus.

Joseph von Eichendorff

Eine Legende von Licht und Liebe

E s gab einmal eine Zeit, in der sich alle Menschen im Schoß der
großen Muttergöttin geborgen fühlten, in der sie noch um ihren
Auftrag wussten, das Licht des Göttlichen in die Welt hineinzu-
tragen. In dieser Zeit wanderten sie zwischen den Welten hin und her
wie Honigbienen zwischen Blüte und Bienenstock. In ihren Herzen
fühlten die Menschen die Liebe der Göttin und im Antlitz der anderen
Menschen sahen sie das Licht der Einen Göttlichkeit leuchten. Licht
und Liebe strahlten weit über ihre Körper hinaus. In den Augen der
anderen sahen die Menschen das ganze Weltall. Und tief in ihren Herzen fühlten sie sich verbunden mit allen Königreichen der Natur. Ihre
Auren leuchteten wie Bernsteine, durchsetzt mit allen Farben dieser

Welt und solchen, die unsere Augen heute nicht mehr zu sehen vermögen. Über den Häuptern der Menschen schien ihr Seelenstern und unter ihren Füßen spürten sie ihren Erdenstern.

Wenn Mann und Frau sich zu jener Zeit vereinigten, so war der Jadestab des Mannes mit Licht gefüllt, das er in die Juwelengrotte seiner Geliebten hineinbrachte. Diese umhüllte sein Zepter mit Liebe und Zartheit. Sein Licht kam in ihre dunkle Höhle. Im Liebesakt waren Mann und Frau nicht nur seelisch miteinander vereint, sie nutzten ihre Vereinigung auch als Gefährt für gemeinsame Reisen in andere Systeme und in andere Zeiten. Der Liebesakt dauerte oft Tage und er war so innig und so intensiv, dass beide sich mit jedem Mal, das sie sich einander hingaben, verjüngten.

Doch irgendwann kam die Ungeduld in die Welt und damit die Disharmonie. Das Gleichgewicht zwischen Licht und Liebe wurde zugunsten des Lichtes verschoben. Und da das Licht der Welt nicht mehr durch Liebe genährt wurde, zeigte es sich immer mehr als gefallenes, als geborgtes Licht. Körperfeindlichkeit und Ideologien ersetzten das natürliche Empfinden. Missverständnis und Spaltung hielten Einzug in die Liebesbeziehungen. Paare, die sich auf einem höheren Energieniveau befanden, zogen sich zurück, indem sie mit ihren Körpern in weiterentwickelte Sternensysteme reisten. Der Ausdruck der sexuell erfüllten Liebe von Mann und Frau verschwand.

Unerfüllte Liebe, unerfüllte und gestörte Sexualität hielten Einzug auf der Erde. Ängste und Traurigkeit, Einsamkeit und unerfülltes Suchen nach der ursprünglichen sexuellen Liebe begleiteten die Menschen auf ihrem Weg durch diese Inkarnationen. Anstelle wahren Gefühls traten sexuelle Manipulation und Pornografie ... Wut, Hass, Missbrauch und Manipulation wurden auf die Ebenen der ursprünglich reinen Sexualität getragen und Sexualität wurde als Macht- und Konsummittel eingesetzt. Die Magie und die Mystik der Erotik versiegten oder wurden in die Bereiche illusionärer Träumerei verbannt. Verhaltensmuster, die auf Trennung beruhten, machten sich breit, Beziehungen scheiterten. Doch immer wieder keimte bei den Menschen die

Sehnsucht nach sexueller Erfüllung, nach nährender Sexualität auf ... und so ist es bis heute.

Der sexuelle Umweg der Menschheit im Laufe der Jahrhunderte hat seinen Sinn. Er dient der Integration ihrer Schattenanteile und der Aufarbeitung verdrängter Aspekte. Jede Krise gibt den Anstoß, voranzuschreiten zur nächsthöheren Ebene. So sind auch Pornografie, sexuelle Trends und konsumierte Sexualität letztendlich nur Zwischenstufen auf dem Weg zu einer noch umfassenderen sexuellen Entwicklung.

Licht und Liebe sind unsere wahre Natur und wir können sie im Dienste der sexuellen Liebe einsetzen. *Im Tempel der Ekstase* will eine Einladung für dich sein, deine umfassenderen sexuellen Bewusstseinsanteile zurückzuerlangen. Wenn wir uns dafür öffnen, können wir zur erfüllten Seite der körperlichen Liebe und zu einer erfüllten Sexualität zurückfinden. Dies beginnt mit unserer Bereitschaft, eine erfüllte Liebesbeziehung zu uns selbst zu haben, denn wenn wir im Inneren bereit sind, das Wunderbare in uns zu lieben und zu ehren, können wir auch unseren Partner wieder als das wundervolle Wesen erfahren, das er ist.

Erfüllte Sexualität führt uns in die Einheit mit allen Reichen der Natur und mit dem Göttlichen. Sie trägt uns bis zu den Sternen.

Tipp

Berühre als Frau den Jadestab deines Geliebten so liebevoll, als sei dieses Zepter der Weltenberg, der dich mit dem höchsten Licht aller Welten verbindet. Er ist es tatsächlich. Berühre als Mann die Jadegrotte deiner Geliebten so, als sei sie das kostbarste Erdenjuwel, das alle Liebe der Erde enthält und dich mit der allumfassenden Liebe der großen Mutter verbindet. Sie ist es tatsächlich.

Die Bücher *Yoni-Massage* von Michaela Riedl und *Lingam-Massage* von Michaela Riedl und Klaus Jürgen Becker geben dir praktische Anleitungen für diese Technik.

Die Entstehung der Welt aus metaphysischer Sicht

Eine Legende erzählt, dass die Götter unseren Planeten Erde bewusst auswählten. Um ein harmonisches Zusammenwirken aller Naturreiche zu gewährleisten, wurde zuerst das Königreich der Steine und Edelsteine, der Blutadern der Erde, angelegt, das die Aufgabe hat, das kosmische Licht in sich zu bergen und zu nähren. Danach entstand das Königreich der Pflanzen, das ein Klima gestaltet zur Entwicklung einer wunderbaren Ökologie. Die Urinstinkte wurden mit dem Königreich der Tiere ausgebildet.

Zuletzt wurde der Mensch geschaffen, ausgestattet mit dem Potenzial, über sich selbst zu reflektieren und sich so seiner selbst in seiner Eigen- und Andersartigkeit bewusst zu werden. Dabei wurde er zu gleichen Teilen mit einem geistigen Aspekt (Geistseele) und einem körperlichen Aspekt (Tierseele) ausgestattet sowie mit der Fähigkeit, beide miteinander zu versöhnen und in Harmonie zu bringen.

Hierbei dient der Eros als Bindeglied der Versöhnung und Vereinigung dieser Teile in uns. Durch den Eros kann das Animalische sich erheben, bis Trieb und Geist vollkommen harmonisch zusammenarbeiten. Die Psychologen sprechen in diesem Zusammenhang von einer „gelungenen Sublimierung", die sich beispielsweise im schöpferischen Wirken großer Künstler zeigt. Die Rider-Waite-Tarotkarte „Die Kraft" symbolisiert eine solche gelungene Sublimierung, zu der uns der Eros den Weg weist.

Die Naturprozesse sind spirituelle Prozesse. Sie streben
nach spiritueller Erweckung, weil sie objektiver GEIST sind,
der nach seiner Selbstverwirklichung strebt (Eros).

Ken Wilber, Eine kurze Geschichte des Kosmos

Eros und Psyche

In der griechischen Mythologie wird die Geschichte von Psyche erzählt, die die Tochter eines unbekannten Königs war. Sie war so schön, dass die Menschen aufhörten, Aphrodite, die Göttin der Schönheit und der Liebe, zu verehren. Verärgert rief Aphrodite ihren Sohn Eros herbei und befahl ihm, auf Psyche so einzuwirken, dass diese sich in einen „schlechten" Mann verliebte. Der König schickte Psyche – wie das Orakel befohlen hatte – auf eine einsame Bergspitze. Dort sollte seine Tochter einen furchtbaren Dämon heiraten. Doch da kam der Westwind, der sie in ein märchenhaftes Schloss brachte. Und in diesem Schloss kam Nacht für Nacht ein Mann zu ihr. Tagsüber verschwand Psyches Geliebter, sodass sie ihn nie bei Tageslicht sah. Da die bald schwangere Psyche sich einsam fühlte, erlaubte ihr der Geheimnisvolle, dass ihre Schwestern sie besuchen dürften. Sie dürfte sich allerdings nicht von ihnen verleiten lassen, herauszufinden, wer er sei. Doch den Schwestern gelang es, das naive Mädchen glauben zu machen, dass sie tatsächlich ein Ungeheuer geheiratet habe, das sie auffressen werde. Aus Angst um sich und ihr ungeborenes Kind folgte Psyche dem Rat ihrer Schwestern und wartete in der Nacht mit einer Lampe und einem Messer auf ihren Mann.

Als das Licht auf den Geliebten fiel, erblickte sie aber kein Ungeheuer, sondern den wunderschönen Körper des geflügelten Eros. Psyche, von Liebe zu ihrem göttlichen Gatten überwältigt, bemerkte nicht, dass ein Tropfen des heißen Lampenöls auf Eros' Schultern fiel. Der Gott aber fühlte sich betrogen, floh und ließ Psyche untröstlich zurück.

Aphrodite war sehr wütend darüber, dass ihr Sohn Eros ihren Befehl missachtet und stattdessen mit Psyche ein Kind gezeugt hatte, und machte sich auf die Suche nach Psyche. Die junge Frau musste nun verschiedene gefährliche Aufgaben für die Göttin bewältigen. Bei der letzten Aufgabe ließ sich Psyche allerdings von dem Wunsch überwältigen, ihren Geliebten zurückzuerobern. Und so öffnete sie ein Kästchen, das eine Schönheitssalbe der Persephone, der Gemahlin des Hades, des Gottes der Unterwelt, enthielt, die für Aphrodite bestimmt war. Psyche trug die Salbe auf und fiel in einen todesähnlichen Schlaf.

Eros, inzwischen von seiner Verbrennung genesen, eilte zu Psyches Rettung. Er liebte Psyche noch immer und scheuchte den todgleichen Schlaf in das Kästchen zurück. Psyche erwachte und Eros bat Zeus um Erlaubnis, Psyche heiraten zu dürfen. Der höchste Gott zeigte Nachsicht und machte die menschliche Psyche unsterblich.[2]

Dieses Gleichnis findet sich immer wieder in der Literatur beschrieben, doch es verwundert, dass eine Frage nie gestellt wurde: Wie können Psyche und Aphrodite, wie kann menschliche mit göttlicher Schönheit versöhnt werden? Die Antwort lautet: Menschliches und Göttliches werden in Einklang gebracht, indem wir in der menschlichen Geliebten die Göttin und im menschlichen Geliebten den Gott sehen, ansprechen und lieben. Ähnlich wie im Märchen „Die Schöne und das Biest" müssen wir dabei das sich uns entgegenstellende Ungeheuer (in uns selbst und in unserem Partner) „durchlieben", bis sich die Göttlichkeit dauerhaft offenbart. So dient die erfüllte Sexualität als Vorbote, als Wegzehrung und als Verheißung einer späteren mystischen Vereinigung der Liebenden (unio mystica).

Philosophisch steht der Begriff „Lemuria" für eine Lebensform, nach der wir uns alle sehnen.

Dietrich von Oppeln-Bronikowski

Die Legende von Lemurien

Wie alle Legenden das kollektive Unterbewusstsein beeinflussen, unabhängig davon, ob sie historisch belegbar sind, beeinflusst uns auch heute noch die nachfolgende Legende vom alten Kontinent Lemurien, auch „Mu" genannt:

Vor einigen Hunderttausend Jahren lebten die Menschen in der Region zwischen dem heutigen Hawaii und der Südsee. Ihr Aussehen war dem der Aborigines in Australien ähnlich. Sie hatten damals, wie die Aborigines heute, einen hervorragenden Kontakt zur Welt des Träumens: Was immer sie träumten, verwirklichte sich in der äußeren Welt. Sie wussten damals noch, dass die Tiere, insbesondere die Delfine und Wale, ihre geistigen Brüder und Schwestern sind, lernten von ihnen und sprachen mit ihnen. Sie erlebten sich als eins mit dem Geist der Erde und mit der gesamten Existenz.

Möglicherweise erinnern die Reste des heutigen Hawaii und der Südsee in ihrer Schönheit daran, wie paradiesisch Lemurien einmal gewesen sein muss. Polynesische Bewusstseinslehren wie Huna, Lomi-Lomi oder Ho´oponopono[3] basieren auf dem Wissen um die Einheit aller Wesen.

Die Legende erzählt weiter, dass einige Lemurier irgendwann begannen, sich sexuell mit den Tieren zu vereinigen und dass so Wesen entstanden, die halb Tier und halb Mensch waren. Einige der Schöpfungen vereinigten die guten Qualitäten von Mensch und Tier in sich, aber es entstanden auch Ungeheuer, wie wir sie aus der ägyptischen und der griechischen Mythologie kennen. Dies war der Beginn einer Entwicklung, an deren Ende der Untergang Lemuriens stand.

Es soll auch Lemurier gegeben haben, die der Versuchung widerstanden und in Monogamie lebten. Die Erfahrung der Schönheit monogamer Liebesbeziehungen geht möglicherweise auf diese Zeit zurück. Diese Wesen, so sagt man, erwachten, stiegen auf und wurden zu weisen Hütern der Traumpfade und zu den Beratern des Kosmos. Andere „Gerechte" siedelten beim Untergang von Lemurien nach Atlantis über und halfen beim Aufbau einer neuen Zivilisation. Im Bereich der Chakren ordnet man Lemurien dem Sakralzentrum zu, außerdem werden mit Lemurien das Element Wasser und die Aufgabe der Integration in Verbindung gebracht.

Es gibt Menschen, die behaupten, der lemurische Typ existiere bis heute, er sei quasi ein Archetyp. Manchmal finden wir auch unter uns Mitteleuropäern einen Menschen, den wir mit ein wenig Fantasie dem Aussehen nach als „lemurischen Typ" betrachten könnten. Man sagt von ihm, er sei in der Regel klein und dunkel. Er habe die Gabe, scheinbar Unpassendes zu integrieren, allerdings fehle ihm der Blick für die stimmige Abgrenzung.[4]

Affirmationen

Nachfolgend kannst du die sexualfeindlichen beziehungsweise missverständlichen Glaubenssätze und Einstellungen auflösen, die aus der Zeit Lemuriens bis heute in jedem von uns zu finden sind. Ob Lemurien nur eine Legende war oder ob es Lemurien tatsächlich gab, das soll an dieser Stelle nicht wichtig sein. Ich möchte dich dazu einladen, das Bild, das diese Legende vermittelt, zu nutzen, um Glaubenssätze aufzulösen, die mit „tierischer" Sexualität zu tun haben. Wir wollen uns gemeinsam dieser einschränkenden Glaubenssätze annehmen und sie so umformulieren, dass wir deinen Eros dadurch befreien. In der nachfolgenden

Aufstellung findest du links den alten Glaubenssatz, das lemurische Glaubensmuster, und rechts einen neuen, geeigneteren Glaubenssatz:

Alter Glaubenssatz	Neuer Glaubenssatz
Animalische Sexualität ist schlecht und führt zum Verfall.	Animalisch gelebte Sexualität kann eine Brücke sein, um in Kontakt mit vitalen Urkräften in mir zu kommen.
Das Animalische ist die Wurzel aller Sünde, nur in der Keuschheit finde ich Frieden.	Im Animalischen ist Reinheit und Ursprünglichkeit ebenso zu Hause wie im Geistigen, da alles dem Göttlichen geweiht werden kann.
Sexualität ist ein Störfaktor für seelisches Wachstum.	Sexualität ist ein natürlicher Ausdruck des Lebens.
Mein inneres Tier macht mir Angst/befremdet mich.	Mein inneres Tier kann mich sehr viel über mich selbst lehren und mir als Krafttier dienen, wenn ich liebevoll mit ihm umgehe.
Nur in der Monogamie finde ich Reinheit, Seelenberührung und Erlösung; wenn mein Partner und ich sexuell nicht zusammenpassen, muss ich auf Sex verzichten.	Tiefe, Verbundenheit, Liebesfähigkeit und Aufrichtigkeit entscheiden über Reinheit und Erlösung. Keuschheit, Monogamie und Polyamorie können mir das Tor zur Göttlichkeit öffnen.

Weitere Affirmationen, mit denen diese Prägungen aufgelöst werden, lauten: „Ich bin bereit, anzuerkennen, dass mein inneres Tier und der ihm innewohnende Trieb in sich unschuldig sind." „Ich nehme Abstand von Missbrauchsmustern bezüglich des inneren Tieres." „Ich bin bereit und in der Lage, mein inneres Tier seiner göttlichen Bestimmung zuzuführen und bei der heiligen Sexualität einzusetzen."

Atlantis war reich an Rohstoffen aller Art, insbesondere
an Gold, Silber und Oreichalkos*.

Platon, Kritias, 114e

Aufstieg und Fall von Atlantis

In Atlantis entstand eine neue, völlig andersartige Lebenskultur.[5] Die Atlanter waren eher groß, oft blond und verfügten über ein völlig anderes Drüsen- und Energiesystem als die Lemurier. Ihre Körper waren darauf programmiert, dem Begierdenstrom etwas entgegenzusetzen und die Kräfte einzusetzen, um materielle Strukturen aufzubauen. Die Bewohner von Atlantis fühlten sich weniger davon inspiriert, sich im Einklang mit dem großen Ganzen zu bewegen. Sie strebten stattdessen danach, sich in Schönheit und Größe zu erheben. Dem Kontakt mit dem Tierreich wurde die Beziehung mit dem Königreich der Edelsteine, insbesondere dem der Kristalle, vorgezogen. Klarheit und Reinheit waren hohe Ideale.

Schockiert von den lemurischen Erfahrungen, gab es in Atlantis das Gebot der Rassenreinheit: Es war verboten, sich mit anderen Rasse-Aspekten zu vermählen. Über mehrere Zehntausend Jahre erblühte Atlantis, doch irgendwann ging das Gefühl der Einheit mit allem Sein, das die Lemurier noch hatten, ganz verloren. Es mangelte den Menschen an vitaler Verbundenheit mit der Erde und so begann die atlantische Wurzelrasse, sich in verschiedene Richtungen zu entwickeln.

* ein erstmals bei Platon genanntes „feurig schimmerndes Metall"

Dass Sexualität ein Instrument ist, das die Einheit allen Seins erfahrbar macht, wurde im Laufe der Jahrtausende immer weiter verdrängt; sie wurde als „unfein" betrachtet und die unterdrückte Sexualität führte dazu, dass die Menschen eine Gier nach Reichtum entwickelten. Der heutige Konsumrausch und die Idee, man könne sich das Glücklichsein erkaufen, hatten möglicherweise ihre Entsprechungen im alten Atlantis.

Aufgrund der nicht gelebten Anteile des Lebens entwickelte sich beim Untergang von Atlantis eine Seuche, die mit der heutigen Krankheit Krebs vergleichbar ist. Aus der Spätzeit von Atlantis entstanden Muster, die mit der Leugnung von Sexualität, mit Rigidität und Abgrenzung in Verbindung stehen. Missbrauch von Macht und Unterdrückung von Sexualität trugen neben den anderen bereits bekannten Faktoren zum Untergang von Atlantis bei. Dieser führte bei vielen Menschen zu einer Spaltung des Bewusstseins, wobei sich drei Typen herausbildeten:

Der Mensch, der von unten nach oben wächst: Dieser Mensch hat eine gute Beziehung zur Erde und zur Sinnlichkeit und lernt, im Laufe seines Lebens seine geistigen Qualitäten zu entfalten. Dieser Typus lernt nunmehr, durch erfüllte Sexualität sein Bewusstsein und seine Triebhaftigkeit zu erhöhen und aus ihr unter anderem göttliche Kreativität und Schaffenskraft zu schöpfen.

Der Mensch, der von oben nach unten wächst: Dieser Mensch ist geistig weit entwickelt und lernt, die Materie und die Welt der Sinne als heilig anzunehmen. Die Herausforderung für diesen Typus liegt darin, erfüllte Sexualität mit seinem ganzen Körper und seiner Leidenschaft, nicht nur mit dem Geist, zu zelebrieren.

Der Mensch, der in sich zerrissen ist: Bei ihm sind Körperlichkeit und Geistigkeit gut angelegt und entwickelt, aber er weiß nicht, wie er beides in Einklang bringen kann. Dieser Mensch profitiert besonders von einer erfüllten Sexualität, da sie ihm hilft, die Gegensätze in sich zu harmonisieren. Der zerrissene Menschentypus pendelt oftmals zwischen zwei verschiedenen Ausdrucksformen der Sexualität, wie beispielsweise einer „hohen" Form von Sex und einer profaneren Sexualität, hin und her. Seine Aufgabe liegt darin, beide Anteile in sich anzunehmen und so auszudrücken, dass sie sich miteinander versöhnen und einer umfassenderen Sexualität Platz machen können.

Affirmationen

Metaphysisch steht Atlantis in enger Beziehung zum Solarplexus. Es symbolisiert die Aufgabe, sich angemessen, lebensbejahend abzugrenzen und eine Position zu finden, die stimmig ist. Man sagt, der atlantische Typ existiere noch heute. Er sei groß, oftmals blond und verfüge über enorme mentale Kräfte und umfassende Strukturen, die bis in den Kosmos hineinreichen. Glaubenssätze aus Atlantis, die uns möglicherweise auch heute noch unbewusst prägen, und deren Auflösung sind:

Alter Glaubenssatz	Neuer Glaubenssatz
Geld/Macht ist schlecht. Geld hat oberste Priorität.	Geld/Macht hat einen angemessenen Platz im Leben und dient.
Macht wird missbraucht.	Macht lässt sich weise nutzen.
Sexualität ist schlecht. Sexualität ist das Wichtigste im Leben.	Sexualität ist ein Ausdruck des Seins, den auch ich lebe.
Ich muss meine sexuellen Energien unterdrücken.	Indem ich spüre, was in mir lebendig ist, transformiert sich mein ganzes Sein.
Sex ist unrein.	Meine Bewusstheit bestimmt, wie ich Sexualität erlebe.

Negativprogrammierungen aus der atlantischen Zeit können mit folgenden Affirmationen aufgelöst werden: „Ich bin bereit und in der Lage, eine stimmige, eine passende Lebensweise zu verwirklichen, in der ein erfüllter Eros mich kräftigen und ich meine Liebeskraft entfalten kann." „Ich lebe in einem gesunden Verhältnis von Macht und Sexualität." „Ich lasse die Muster der Selbstunterdrückung los, die mich bisher behindert haben, und erfahre mich selbst bewusst und liebevoll."

Im Gefäß des Lebens

Im Gefäß des Lebens
wird dir das Getränk der Götter gereicht.
Zärtlich trinke den kostbaren Inhalt.
Verschenke keinen Tropfen, haste nicht,
genieße!

Gala Naumova, Zauberworte für die Zärtlichkeit

Die Einstellung zur Sexualität im alten Ägypten

Nach dem Untergang von Atlantis wanderten die Überlebenden in drei verschiedene Himmelsrichtungen und ließen sich dort nieder, unter anderem in Ägypten.[6] Nach den schwierigen Erfahrungen von Lemurien und Atlantis baute man in Ägypten auf den Ratschluss aus höheren Quellen. Und so gab es einen Gottkönig (Pharao), der, inspiriert von seinen geistigen Beratern, unter anderem Horus und Hermes Trismegistos beziehungsweise Thoth, göttliche Entscheidungen zum Wohle des Landes, traf.

Mit der Spaltung von Oben und Unten, Höherem und Niederem Selbst zerfiel auch die Sexualität in die priesterliche „hohe Sexualität" und in die „niedere", die animalische Sexualität. Nur in Mysterienschulen, wie zum Beispiel beim Isis-Kult, wurde versucht, eine Integration

beider Seiten zu verwirklichen. Aus der Zeit des alten Ägypten übernahmen wir die Abspaltung des Niederen, die Hörigkeit gegenüber Höherem und damit auch den Konflikt mit Autoritäten. Das Leben im alten Ägypten spaltete sich dabei in eine offiziell anerkannte, männlich betonte Welt und eine inoffiziell existierende, weibliche Welt mit Hetären, Tempelpriesterinnen, Lusttempeln usw.

Zudem wurden die eigene Autonomie und die Andersartigkeit dem vollkommenen Ideal untergeordnet, ja, sie wurden sogar geleugnet. Perfektionismus und die Aufgabe der Persönlichkeit zugunsten eines Ideals sind Überbleibsel aus dieser Zeit, die uns möglicherweise noch heute begrenzen. Auch die Idee, Sex müsse „perfekt" sein, und „Rezeptbücher" für ein ideales Sexualleben stehen mit diesen alten Mustern in Zusammenhang.

Manche Forscher sind davon überzeugt, dass es Leben in anderen Sternensystemen gibt.[7] Das alte Ägypten soll vom Sternbild Orion, das sich mit dem Thema „Sexualität" auseinandersetzt, inspiriert worden sein; von Sirius, von dem geistige Lehren kommen; von den Plejaden, die sich vorwiegend mit ökologischen Themen befassen, und von der Venus, die sich insbesondere mit den Themen „Sinnlichkeit" und „Liebe" auseinandersetzt. Ob es in diesen stellaren Räumen tatsächlich Wesen gibt, soll hierbei nicht wichtig sein. Viel interessanter ist die Kraft, die solche Mythen haben: die Augenblicke, in denen wir erleben, dass wir durch die geistige Verbindung mit diesen Ebenen Inspiration erfahren können.

Die Spaltung zwischen Höherem und Niederem führte zu einer Spaltung zwischen Gut und Böse, die sich im Konflikt zwischen Osiris und seinem dunklen Bruder Seth zeigte. Gleichzeitig machten sich in Ägypten die versöhnenden und integrierenden Kräfte der Mondgöttin Isis und die Geheimnisse ihrer sexuellen Alchemie breit, die aber von den perfektionistischen „Sonnengöttern" mehr und mehr zurückgedrängt wurden und sich zu einer Art Geheimbündnis formten.

Der ägyptische Menschentyps existiert auch heute noch, er ist eher schlank und glaubt an eine höhere Ordnung.

Ein Experiment

Vielleicht möchtest du einmal das Experiment machen und an „die Matrix von Orion" denken und hinspüren, inwieweit diese mit dem Thema „Sexualität" in Verbindung steht. (Dafür ist es nicht notwendig zu wissen, was genau das ist.) Oder denke an die Plejaden, wenn du lieber mit Menschengruppen arbeiten magst. Wenn du geistige Lehren suchst, denke an Sirius. Und wenn du mit Sinnlichkeit und Schönheit in Kontakt kommen willst, denke an unseren Schwesterplaneten Venus. Das ist nur ein Experiment: Wenn du nichts empfindest, ist es auch gut.

Affirmationen

Glaubenssätze, die mit Offenheit beziehungsweise Heimlichkeit oder mit Überordnung bzw. Unterordnung zu tun haben, wurzeln oftmals in dieser Kultur und können, falls vorhanden, mit den oben aufgeführten Methoden durch neue, dienlichere Glaubenssätze ersetzt werden.

Hilfreiche Affirmationen sind: „Ich finde meinen Platz in der vollkommenen Hierarchie." „Ich bin eingebettet in die göttliche Ordnung." „Ich bin bereit anzuerkennen, dass alles im Leben seinen Platz hat, das Hohe wie das Niedere, und lebe aus meiner inneren Stimmigkeit heraus."

Der Körperkult im alten Rom und in Griechenland

I m Mittelmeerraum entstand die von sinnlichen Halbgöttern inspirierte hellenistische Kultur. Die alten Griechen verbanden Sinnenfreuden mit Kultur und führten auf diese Weise den Menschen wieder zu seiner Sinnlichkeit und zu freier Sexualität zurück. Die Verbindung von Eros und Kultur war neu auf dem Planeten Erde und brachte großartige Philosophien und Liebesgedichte hervor. Der physische Körper, seine Fitness und seine Schönheit standen hoch im Kurs. Sport und Körperkult haben im alten Griechenland ihren Ursprung. Erotik war nun eine hohe Kunst, die sowohl homo- wie heterosexuell gelebt wurde.

Die Römer übernahmen den Glauben der Griechen und die griechischen Götter und missbrauchten sie später für ihre Maßlosigkeit, die auch an die Stelle der ursprünglichen, kultivierten Sexualität trat. Die Sucht nach Sinnesreizen ließ die griechisch-römische Kultur immer dekadenter werden.

Aus dieser Zeit entstammen Sucht-, aber auch Verweigerungs- und Unmäßigkeitsmuster, die mit Sexualität und Sinnlichkeit zusammenhängen. Der griechisch-römische Menschentyp existiert auch heute noch. Er ist kräftig bis füllig und verfügt über die Gabe, tief zu empfinden.

Affirmationen

Affirmationen, die Muster aus dieser Zeit auflösen können, sind: „Ich bin bereit und in der Lage, meine Sinnlichkeit auf eine kultivierte und inspirierte Weise zu leben." „Ich finde stets das rechte Maß." „Ich bin bereit, anzuerkennen, dass das rechte Maß mehr bedeutet als Überfülle." „Ich akzeptiere und liebe meine Körperlichkeit."

Drachenzeit

Die Ketten zerrissen,
das Feuer entfacht,
wieder fliegen, gemeinsam.
Durch die Unendlichkeit der Stille.

Andreas Krüger

Die Hebräer und das frühe Christentum im Spiegel des Eros

Die Hebräer waren ein Volk, das nur einen Gott hatte; es gab keine Nebengötter. Sie pflegten die erste der drei monotheistischen mosaischen Religionen. Der Monotheismus entstand als Gegenbewegung zu den Kulten der Vielgottheiten und Halbgötter. Der hebräische Menschentypus spaltete sich jedoch schon recht bald in eine sinnenfreudige und eine sinnenfeindliche Bewegung. Die sinnenfeindliche Linie entstand in der Zeit der Hebräer in babylonischer Gefangenschaft unter König Nebukadnezar.

Abgestoßen vom Sittenverfall des alten Babylon, kamen die Hebräer mit den Persern in Kontakt. Zu dieser Zeit hatte sich in Persien der Glaube an den Lichtgott Ahura Mazda, der Herr der Weisheit, entwickelt. Es war der Prophet Zarathustra, der den Lichtgott Mazda den persischen Naturgöttern, wie dem Wildschweingott Verethragna, und dem unsittlichen Leben entgegenstellte. Im Zuge der Neubesiedlung Israels übernahmen die Juden die persischen Lichtpriester, die ab diesem Zeitpunkt „Pharisäer", von Hebräisch: peruschim, „die Abgesonderten, die aus Persien Kommenden", genannt wurden.[8] Zugleich gab es im alten Israel eine sinnenfreudige weibliche Bewegung, die auch Sexualmagie praktizierte und deshalb von den Pharisäern „Frau ohne Mann", „Jungfrauen" oder auch „junge Frauen" genannt wurden ... dabei war es nicht von Bedeutung, wie alt diese Frauen waren.[9]

Zur damaligen Zeit kristallisierte sich im Nahen Osten auch die Spaltung zwischen dem spirituell-sinnlichen und dem spirituell-asketischen Menschen heraus.

Affirmationen

Hilfreiche Affirmationen können sein: „Ich bin bereit, die innere Spaltung zwischen Sinnesbejahung und Askese zu überwinden." „Ich vereine und liebe einen angemessenen Umgang mit meinen sinnlichen wie mit meinen enthaltsamen Teilen und bringe sie in mir in Einklang." „Ich bringe meine Sinnlichkeit und meine enthaltsamen Anteile in eine harmonische Balance und wertschätze mich in meinem Sosein."

Gib dich deiner Frau hin und sie wird göttlich.

Gib dich deinem Mann hin und er wird göttlich.

Die Göttlichkeit aller Dinge wird durch die Hingabe von

Mann und Frau offenbart.

Osho

Maria Magdalena und Christus

L egenden erzählen, dass Jesus in seiner Kindheit und Jugend zur Einweihung in den Tempeln der Isis erzogen wurde und als junger Mann seine gottgleichen Kräfte mittels „hoher Sexualität" entwickelte, bis er einen Grad an Vollkommenheit erreicht hatte, die jenseits der sexuellen Dimension lag.[10] Die Legenden gehen davon aus, dass die Kräfte Jesu so hochschwingend waren, dass er ohne regelmäßigen Körperkontakt zu einer Frau fast nicht in der Lage gewesen sein soll, den Geist im Körper zu halten.

Maria Magdalena soll eine solche Tempelpriesterin der damaligen Zeit gewesen sein. Sie hatte die hohe Aufgabe, Jesu Körper während der Nacht durch körperliche Liebe so zu nähren, dass er jeden Morgen neu mit Energie aufgeladen war, sodass er sich um die Menschen kümmern konnte, die seiner Hilfe bedurften.

Maria Magdalena, von der Kirche oft als „Hure" und Nebenfigur abgetan, wird in der Bibel zugleich als die erste Augenzeugin Jesu nach dessen Auferstehung erwähnt. Es stellt sich die Frage, warum Jesus sich zuerst ihr und dann erst den anderen gezeigt haben soll? War Maria Magdalena nicht nur der Mensch im Leben Jesu, der ihn am besten verstanden hatte, der Mensch, der im tiefsten Inneren um seine Mission wusste, sondern auch seine Geliebte?

Nach den gnostischen Evangelien[11], die jahrtausendelang von der Kirche unter Verschluss gehalten wurden, galt Maria Magdalena als Jesu Frau und seine wichtigste spirituelle Vertraute, der er seine geheimen Lehren vermittelte. Unter ihrem Namen kam, noch bevor die biblischen Evangelien kanonisch festgehalten worden waren, ein Augenzeugenbericht vom Wirken Jesu in Umlauf.[12]

Wie Marianne Fredriksson in ihrem Buch *Maria Magdalena* darstellt, wurden das weibliche Christentum und die Schönheit der vollendeten körperlichen Liebe im jahrtausendelangen Patriarchat unterdrückt. Der renommierte Religionswissenschaftler Walter-Jörg Langbein zeigt in seinem Werk, das ebenfalls den Titel *Maria Magdalena* trägt, auf, wie die Schönheit der körperlichen Liebe und ihre positive Bedeutung für die Entfaltung von Bewusstheit, Liebe und Spiritualität verkannt beziehungsweise systematisch zurückgedrängt wurden.

Der geistige Lehrer Sananda, ein Aspekt der Christusenergie, gechannelt von Manuela Torelli, geht davon aus, dass Maria Magdalena, die verkannte Frau, gerade in der heutigen Zeit ihre Mission, die sie von Jesus Christus erhalten hat, erfüllen wird. Dabei geht es insbesondere um die Verbindung von körperlicher Liebe und spiritueller Vollkommenheit.

Sananda erzählt in *Maria Magdalena – meine große Liebe* in berührenden Worten von seinem früheren Leben in Atlantis und seiner späteren Zeit als Jesus Christus. Er berichtet unter anderem von seiner großen Liebe zu Maria Magdalena, die damals nicht öffentlich gelebt werden durfte. Mit großer Zuneigung beschreibt er seine Seelenpartnerin Maria Magdalena und die wichtige Aufgabe, die sie heute noch zu erfüllen hat. Insbesondere geht es darum, der Schönheit der körperlichen, geistigen und seelischen Liebe wieder auf den rechtmäßigen Thron zu helfen.

Mit dieser These steht Manuela Torelli nicht allein. Wer sich eine detaillierte Darstellung von Maria Magdalenas Leben mit Jesus wünscht, erfährt mehr darüber in *Mirjam. Maria Magdalena und Jesus* von Regina Berlinghof, wenngleich sich dieses Werk der Romanform bedient. In der Kerngeschichte, in der sich die Liebe zwischen Jesus und Maria Magdalena langsam und gegen alle inneren und äußeren Widerstände entfaltet, wird Religion als bewusste und erlebte *re-ligio* (Rückbindung) dargestellt, die den Menschen wieder mit seinen innersten Wurzeln, mit dem Kosmos und allem Sein verbindet. Jesus ist hier kein gottgleiches Wesen, sondern ein Mensch aus Fleisch und Blut, der liebt und leidet und zu seiner Erfüllung anderer Menschen bedarf. Erst in der Liebe zu einer Frau, die auch die sexuelle Liebe einschließt, erkennt er die Heiligkeit des Irdischen, die Heiligkeit jedes einzelnen Lebewesens.

Das Bild des körperlich liebenden Jesus hilft dabei, religiöse Dogmen loszulassen und sich einer erfüllten Sexualität zu öffnen. Zudem ist die Liebesbeziehung zwischen Jesus und Maria Magdalena ein Symbol dafür, wie wir uns heute einander liebend hingeben können. Indem wir dem Eros auf eine bewusste Weise begegnen und die körperliche Liebe heiligen, können wir einschränkende Programme aus Lemurien, Atlantis, Ägypten, Rom, Griechenland und der christlichen Kultur durchschreiten und zum wahren Leben, zur wahren Liebe und einem erlösten Umgang mit dem Eros zurückfinden.

So findet sich die entscheidende Aussage Jesu in seiner Bergpredigt: „Du sollst deinen Nächsten lieben wie dich selbst" (Mt 22, 39). Die Erkenntnis der Göttlichkeit ist durch die Liebe zwischen Mann und Frau in einem erfüllten Liebesakt unmittelbar spürbar. Sogar im alten Testament schimmert dieses Wissen durch, wenn dort der Liebesakt als Akt des gegenseitigen „Erkennens" beschrieben ist.

Scheinheilig

Hinter Verachtung

versteckt sich Begehren!

In der moralischen Entrüstung schwingt

auch immer die Besorgnis mit,

etwas versäumt zu haben.

Jean Genet

Mit Sex kompensieren

I n ihrem Buch *Eunuchen für das Himmelreich. Katholische Kirche und Sexualität* beschreibt Dr. Uta Ranke-Heinemann, dass die Verdammung der Sexualität durch die Kirchen mitverantwortlich dafür ist, dass wir heute in Europa und Nordamerika keine sexuelle Kultur, sondern eine starke sexuelle Verdrängung vorfinden. Durch die generelle Verdammung des Eros spricht man uns die Mündigkeit darüber ab, unsere Sexualität so zu leben, dass sie für uns erlösend wirkt.

Welche Auswirkungen hat dies? Der Eros wurde so weit verdrängt, dass er seltsame Blüten treibt, wie zum Beispiel in der Internetpornografie, die keine Erlösung, keine Befreiung, sondern nur immer stärkere Abhängigkeiten schafft. Und so hat Sexualität heute oft mehr mit Sucht zu tun und weniger mit dem Mysterium der sexuellen Alchemie, das der körperlichen Liebe ebenfalls innewohnt. Die meisten Menschen sind überreizt, unerfüllt und überladen. So missbraucht die Frau Sexualität häufig, um ihrem unerfüllten Leben zu entkommen, der Mann

42

benutzt sie als Ventil, um seinen Überdruck loszuwerden. Und so steht uns unsere erotische Kraft nicht mehr für eine wirkliche, eine erfüllende sexuelle Begegnung mit einem geliebten Menschen zur Verfügung.

Unsere Erde leidet ebenfalls unter Missbrauch des Eros, denn wir werden diesen Planeten nur lieben und liebevoll mit ihm umgehen können, wenn wir mit der großen Kraft der sexuellen Liebe, die uns in die Hände gelegt wurde, ebenfalls liebevoll umgehen. Es ist also unsere Aufgabe, uns des Eros' anzunehmen, statt ihn zu verdrängen oder zum Abreagieren und Kompensieren zu missbrauchen.

Wir können vor dem Liebesakt innehalten, beobachten, welche „Bilder" in unserem Kopf sind, und uns geistig leer machen, damit wir offen sind für den anderen, wie er ist. Hier brauchen wir den Mut, die Erregung geschehen zu lassen, sie kommen und gehen zu lassen wie unseren Atem. Wenn wir uns im Liebesakt entspannen, das Tal der Ereignislosigkeit durchschreiten, erlauben, dass „nichts" geschieht, werden wir erleben, wie das große Mysterium des Eros uns erfasst.

Unsere Körper wissen, wie man liebt. Und wenn wir, ohne zu manipulieren oder einzugreifen, einfach zurücktreten und wahrnehmen, wie unsere Körper Liebe ausdrücken, werden wir durch diese Erfahrung die körperliche Liebe transzendieren – und dabei in die Geheimnisse der Liebe eingeweiht werden. Wir können durch die Art und Weise, wie wir unsere Sexualität leben, weise werden, wenn wir Liebe, Bewusstheit und Präsenz in den Liebesakt einbringen. Lieblose Sexualität belastet uns, Sexualität als Ausdruck des Selbst befreit uns.

Nicht die Zartheit oder Wildheit des Liebesaktes, nicht die äußere Form, in der man sich im Liebesakt begegnet, entscheidet über Energiegewinn oder Energieverlust, sondern ob man in Einklang ist mit dem, *was ist*. Liebe machen bedeutet im Grunde genommen, dem, *was ist*, bewusst und vielleicht sogar kunstvoll körperlichen Ausdruck zu verleihen.

Wenn du bewusst wahrnimmst, wie es dir während und nach dem Liebesakt geht, spürst du sehr klar, ob dich die Art, wie du derzeit Sexualität ausdrückst, aufbaut oder schwächt.

Wenn die Macht der Liebe die Liebe zur Macht ersetzt, wird ein neuer Mensch geboren.

Sri Chinmoy

Die Macht des Eros

Eros ist eine Weltmacht. Ob sie im Sinne der Ignoranz genutzt wird oder im Sinne einer umfassenden Humanität, kam schon immer auf die Stellung der Frauen an. In Babylon zum Beispiel musste der angehende König sich als würdig erweisen, indem er die Stellvertreterin der Göttin Inanna sinnlich und zärtlich liebte. Nur einem Mann, der reif und vital genug war, eine starke Frau zu lieben, wurde zugetraut, mit Macht umzugehen, ohne zu herrschen. Nur ein Mann, der das weibliche Begehren ehrt und nicht fürchtet, erfährt, wie man die Lebensenergien zum Fließen bringt.

Die sexuelle Energie bedient sich der Polarität Mann – Frau, um zu fließen. Eros ist Anziehung über alle Gegensätze hinweg, der Versuch des Lebens, Trennungen zu überwinden in einer Kultur, die auf Trennung beruht. Die Macht dieser Anziehung ist gewaltig. Wir sind Teil von ihr, wenn wir spontan Lust empfinden.

Ist Eros eine Schwäche? Nein, er ist die verborgene Macht, die jenseits der Dinge liegt. Sexuell potent im umfassenden Sinne können wir nur sein, wenn wir lernen, beiseitezutreten und die kosmische Kraft wirken zu lassen.

Wo die sexuelle Energie nicht fließen darf, sucht der Leib nach anderen Möglichkeiten, Energie loszuwerden, und er findet sie in der Gewalt und im Dogmatismus. Die Unfähigkeit der Geschlechter, sich zu lieben,

drückt sich auch im Geschlechterkampf aus. Wer Frieden schaffen will, sollte sich dem Liebesakt zuwenden.

Wir leben in einer klinisch sauberen, computerisierten, sinnlich verarmten Welt, in der sich niemand mehr auf das Glatteis seines Begehrens begeben muss. Dies geht einher mit einer ununterbrochenen Berieselung durch sexuelle Symbole in den Medien und Werbung, damit, dass in der Öffentlichkeit zwar unentwegt über Sex gesprochen wird, die unmittelbar erlebte Lust aber versiegt. Wir brauchen wieder Menschen, die den Eros in sich tragen, die sinnliche Freude empfinden und über sinnliches Wissen verfügen.

„Ich glaube nicht, dass wir die Heilige Hochzeit wieder installieren. Aber wir sollten dafür sorgen, dass an den politischen Schaltstellen Menschen sitzen, die das andere Geschlecht lieben und verehren. Bei allem, was es zu tun gibt, um die Sexualität zu heilen, können wir davon ausgehen, dass die Göttin mithilft. Die sinnliche Liebe ist ihr Traum. Je besser er geträumt wird, desto eher können wir eines Tages an ihre Stelle das göttliche Paar setzen: Göttin und Gott."[13]

Jahrtausendelang wurden von Gelehrten, Religionswissenschaftlern und Priestern falsche Dogmen und Bilder eines asketischen Gottes verbreitet. Falsche Bilder von einem über die Sexualität urteilenden und richtenden Gott. Durch die Verdammung der Sexualität wurde ein unschöner Fluch auf die Unschuld des Eros gelegt. Der Glaubenssatz, dass Sexualität Sünde, bestrafenswert oder zumindest etwas Schmutziges sei, lebt in unserem Unbewussten bis in die heutige Zeit fort. Daraus resultiert eine verkrampfte Auseinandersetzung des Menschen mit seiner Sexualität.

Zum Glück gibt es auch andere Bewegungen, die die lebensbejahende Kraft des Eros in einem positiven Licht darstellen. In diesem Zusammenhang sei ein kabbalistischer Meister zitiert, der schreibt:

Welche Fülle eröffnet uns doch die Begegnung zwischen Mann und Frau, wie kann sie uns doch zum Fließen bringen. Aber leider verstehen die wenigsten, mit dieser Kraft umzugehen. So überspringen die meisten Menschen diese Ebene der Begegnung, indem sie erst einmal miteinander schlafen. So vereinigen sie ihre Körper, ohne einander wirklich zu begegnen, einander in der Seele kennenzulernen. Sie bleiben einander fremd. Wie oft geschieht es dann, dass die beiden sich nach der kurzen Berauschung angeekelt voneinander abwenden. Kein Wunder. Wirkliche Begegnung vollzieht sich in den Seelen. Sie ist ein Musizieren. Ihre Kunst liegt nicht im Abreagieren, sondern im Halten und schöpferischen Ausgestalten der Spannung, der Anziehung und des Eros. Welche Fülle liegt doch darin. Aber wie wenig verstehen doch die Menschen von der Liebe. Jeder weiß, wie schön es ist, frisch verliebt zu sein, wie beflügelt wir dann sind, welche Ideen wir dann haben und wozu wir dann fähig sind. Aber kaum haben wir den anderen, sind Sexualität und Gespräch zur Routine geworden, ist es aus mit alledem, und die Inspiration fliegt wieder zum Fenster hinaus. Wo das Abenteuer erst beginnen könnte, ist es auch schon wieder verflogen. Wir haben den Impetus zugunsten eines gegenseitigen Besitzabkommens, eines Dauerrechtes auf Sexualität und sonstige Gewohnheitsrechte verkauft. Oft suchen wir dann die tote Beziehung durch Abenteuer nach außen aufzuwiegen. Eine Beziehung aber lebt aus der Begegnung und aus den geistigen Interessen, die daraus wachsen. Um es noch deutlicher zu sagen: Nicht Verdrängen ist gemeint, sondern Wandlung. Beide, Eunuchen und Lüstlinge, sind geistig steril, unfruchtbar.[14]

Jedes Verhalten, das nicht Liebe zum Ausdruck bringt,
ist ein Schrei nach Liebe.

Chuck Spezzano

Sexualität gehört einfach zum Leben!

Sexualität ist der Lockruf der Sinne und der Seele, die große
Verheißung oder die große Enttäuschung ... je nachdem, wie sie
erfahren wird. Sie bedeutet die Wiederbegegnung und Wieder-
versöhnung der Geschlechter in Freude, Freiheit, Verbundenheit und
Ebenbürtigkeit. Körperliche Liebe als Grundkraft des Lebens durchdringt alles und ist tief in unseren Zellen verwurzelt. Sie trägt den
Impuls der Urkraft in sich, und es liegt an uns, ob wir diese Kraft leugnen, unterdrücken, erhöhen oder feiern. Dualität kennzeichnet nicht
nur die erotische Anziehung von Mann und Frau, sie ist für alle Beziehungen zwischen Gegensätzen charakteristisch: Vater – Mutter, Geist –
Materie, Positiv – Negativ usw.

Jenseits der Polarität liegt das Sein, das, was alles Leben trägt, was
immer war und immer sein wird. Und Sexualität ist eine Chance für
uns alle, zu diesem Sein, zum Hintergründigen vorzudringen. Wenn wir
sie auf das Vordergründige beschränken, verpassen wir das Wesentliche.
Wer wahrlich lieben will, dem kann man nur raten: Werde hintergrün-
dig! Tauche tiefer ein in die Natur der Dinge und du wirst hinter ihnen
das große Geheimnis des Lebens, den Hintergrund des Seins erfahren.

Das soll jedoch nicht bedeuten, dass wir das Vordergründige negie-
ren müssten. Doch es ist wichtig, Hintergründiges und Vordergrün-
diges gleichermaßen zu pflegen.

Sexualität beschränkt sich nicht auf die Verschmelzung von Mann und Frau, sondern bezieht sich auch auf die Verbindung aller Wesensaspekte von uns selbst. Patanjali, der Begründer des Yoga, ging schon vor Tausenden von Jahren davon aus, dass der Mensch noch keine Einheit sei, sondern ein Zerwürfnis innerhalb einer inneren Vielheit. Die Aufgabe, diese Einheit im Menschen zu schaffen, kam dem Yoga zu. Dies zu erlauben ist auch Aufgabe von erfüllter Sexualität. Wer mit sich selbst eins ist, ist – natürlich – auch ein besserer Liebhaber, weil er beziehungsweise. sie diese Einheit auch im Liebespartner erkennen kann. Und so steht erfüllte Sexualität für die Verschmelzung des Körpers eines Menschen mit seiner Seele, ja, mit der ganzen Schöpfung. Diese Erfahrung der All-Einheit, gemeinhin „Erwachen" genannt, kann natürlich auch ohne sexuelle Beziehung erreicht werden, doch der Weg über die Sexualität ist vielleicht der genussvollste und möglicherweise auch der kürzeste.

Sexualität ist vieles zugleich:

- die Vereinigung des Vordergründigen mit dem Hintergründigen;
- die Vereinigung des Mannes mit der Frau;
- die Vereinigung des Niederen mit dem Höheren;
- die Vereinigung aller Aspekte in einem Selbst;
- die Vereinigung von Hell und Dunkel;
- die Vereinigung von Geben und Nehmen und
- die Vereinigung von Körper und Geist.

Erfüllte Sexualität ist eine zutiefst spirituelle Erfahrung, da sie wie kaum eine andere Praxis die Erfahrung der Einheit, des Einsseins, ermöglicht. Erfüllte Sexualität in ihrer stimmigen Form zeigt sich als Ausdruck der bedingungslosen Liebe des Menschen zu sich selbst und zum Sosein des anderen. Da der Mensch durch sein feinstoffliches Wesen mit allen Ebenen verbunden ist, weiß er im tiefsten Grunde seines Herzens um die Erhabenheit des ursprünglichen Seins und seines sexuellen Wesens und kann diese in seiner Liebesbegegnung ausdrücken.

Erfüllte Sexualität leben

Bislang haben wir uns mit unserem historischen Erbe beschäftigt, damit, wie die Menschen in der Vergangenheit mit dem Eros umgegangen sind und welche Auswirkungen das heute auf unseren Umgang mit der sinnlichen Liebe hat. Bevor wir uns mit den praktischen Möglichkeiten von Eros und Sexualität beschäftigen, wollen wir nachfolgend zuerst die positiven Aspekte erfüllter Sexualität herausarbeiten und entsprechend darstellen.

Liebesruf

Ernähre meine Seele mit der Milch deiner Sterne,
allumfassender Himmel,
und ich erzähle dir von der Lust der Erde
durch deine Berührung.

Peter Raba, Eros und sexuelle Energie durch Homöopathie

Sehnsucht und Erfüllung

Ohne Sehnsucht gibt es kein Streben nach Vereinigung. Doch was ist das, wonach wir uns sehnen? Wir spüren Sehnsucht auf drei Ebenen: Wir sehnen uns nach dem Fleisch, nach der Seele und nach dem Geist. Was alle drei Formen der Sehnsucht gemeinsam haben, ist, dass sie das Potenzial in sich bergen, die Identifikation mit dem Ego zu lösen, und Liebe und Mitgefühl zu allem Sein erlebbar machen.

Unsere Kultur ehrt die Sehnsucht nach dem Geist und nach der Seele, verurteilt aber die Sehnsucht nach dem Fleisch als Sünde. Doch es ist die Sehnsucht nach dem Fleisch, die uns von der Profanität des Alltags erlösen kann. Ein Baum wächst immer von unten nach oben. Wie können wir die Blüten der Sehnsucht nach dem Geiste erringen, wenn wir die Wurzeln, die Sehnsucht nach dem Fleisch, zu vermeiden suchen?

Die Sehnsucht nach dem Fleisch ist ein zweischneidiges Schwert: Auf der einen Seite hilft sie uns, Herzensqualitäten zu entwickeln, auf der anderen Seite kann sie süchtig machen. Ist der Liebende vernarrt in die

Körperformen seiner Geliebten, in ihre Stimme, ihren Geruch und ihre Liebkosungen, dann entspricht sein Verhalten der Karte „Der Narr" im Tarot. In seinem Vernarrtsein ist der Verstand ausgeschaltet. Doch Bewusstheit ist vonnöten. Wenn der Liebende inmitten seines Brennens bewusst bleibt, wird er erleben, dass er lieben und zugleich *sein* kann. Ist die Geliebte nicht da, spürt der Liebende vielleicht Schmerz. Durch den Wechsel von Abschiednehmen und erneutem Sich-wieder-behutsam-einander-Annähern wird das Ego geschliffen.

Stehst du im Feuer der Sehnsucht und bist zugleich bewusst, schmilzt dein Ego, dein Herz öffnet sich und dein Selbst erwacht.

Khalil Gibran schreibt hierzu:

Denn so, wie die Liebe dich krönt, so kreuzigt sie dich. ...
Wie Korngarben sammelt sie dich um sich.
Sie drischt dich, um dich nackt zu machen.
Sie siebt dich, um dich von deiner Spreu zu befreien.
Sie mahlt dich, bis du weiß bist.
Sie knetet dich, bis du geschmeidig bist,
und dann weiht sie dich ihrem heiligen Feuer,
damit du heiliges Brot wirst für Gottes heiliges Mahl.[15]

Sehnsucht und Erfüllung gehören zusammen; nur gemeinsam können sie Erlösung bringen. Ist da Sehnsucht ohne Erfüllung, verbrennt der Suchende innerlich oder er wird süchtig. Ist da Erfüllung ohne Sehnsucht, wird man schnell übersättigt in der „unerträglichen Leichtigkeit des Seins". In dieser Energie von „Sehnsucht und Erfüllung" die eigene innere Mitte zu suchen und ihr zu vertrauen, das ist möglicherweise der schnellste Weg zum Erwachen.

Dann wird der Tag kommen, an dem du in jeder Seele, in jeden Baum, in jedem Strauch die unendliche Schönheit deines Geliebten siehst. Dann wird der Tag kommen, an dem dir die Schönheit des Geistes überall begegnet und die Sehnsucht sich verwandelt. In diesem Bewusstsein findet sich die Aussage des Dichterheiligen Sant Darshan Singh erfüllt, die sinngemäß lautet: Wo immer ich hinkam, fand ich Rosen unter meinen Füßen und Liebe in jedem Blick!

Die Erwachten sind, der Sehnsucht folgend, mit einer Dimension in Kontakt gekommen, die jenseits des Objektes der Sehnsucht liegt. Und genau dorthin möchte die Sehnsucht auch dich bringen.

Tipp

Solange dich die Sehnsucht ruft, erlaube sie. Wenn du vernarrt bist in deinen Geliebten, brenne in diesem Feuer, aber bleibe zentriert. Dein Brennen muss so stark werden, dass jede einzelne Zelle nach ihm brennt. Denn in deinem Innersten und im Innersten deines Geliebten, im Innersten der Zellen, ist Licht. Hab keine Angst vor Ablehnung, brenne in Liebe und gib dich deinem Liebsten hin ... total, als wäre es der letzte Augenblick in deinem Leben, aber bleibe bewusst und zentriert. Und wenn der Schmerz der Trennung dich peinigt und die unerfüllte Sehnsucht dich plagt, nimm diesen Schmerz als Geschenk, brenne in ihm, gehe in ihm auf, aber bleibe ebenfalls bewusst und zentriert.

Einen Menschen zu berühren bedeutet,
eine Seele zu streicheln.

Die Kunst der achtsamen Berührung

Um unseren Geliebten zu berühren, müssen wir zuerst selbst berührbar sein. Die Kunst der Berührung beginnt also bei uns selbst. Es geht erst einmal darum, dass jeder seine eigene Panzerung ablegt, dass wir selbst geistig, seelisch und körperlich berührbar sind.

Wenn du selbst berührbar bist, ist das der beste Weg, deinen Partner stimmig zu berühren. Wende dich liebevoll dir selbst zu und frage dich: „Wie fühle ich mich? Was fühle ich?" Es geht darum, dass du für dich und den anderen spürbar und erlebbar bist – sowohl in Melancholie als auch in höchster Lebensfreude ist Begegnung möglich, du musst dich nicht „gut" fühlen, um deinem Liebsten zu begegnen. Erfüllte Sexualität kann in jede Ebene reisen. Was du einbringen musst, ist lediglich, dass du authentisch bist. Wenn du dich von deinen Gefühlen abschneidest, weil du für deinen Geliebten besonders „gut drauf" sein willst, verpasst du dein authentisches Fühlen ... und der Sex wird künstlich und hinterlässt einen schalen Beigeschmack.

Halte deshalb einen Augenblick inne und richte deine Aufmerksamkeit auf dich selbst. Frage dich: „Wie fühle ich mich jetzt?" Und sprich es aus. Du darfst dich auch trauen, deinem Geliebten mitzuteilen, wie es dir geht. Wenn du leidest, kommuniziere es. Wenn du glücklich bist, teile es mit. Sage, wenn du Angst hast, zurückgewiesen zu werden oder in die Begegnung der Liebe zu gehen. Und: Gib auch deinem Geliebten den Raum mitzuteilen, wie ihm gerade zumute ist. Das ist die Voraussetzung dafür, dass ihr Intimität und Nähe miteinander erlebt. Es gibt nichts Entwaffnenderes als unschuldige Ehrlichkeit.

Wenn du deinem Partner eine unangenehme Wahrheit mitteilen willst, ist es wichtig, dass du dabei nahe bei dir selbst bist und aus deinem Herzen sprichst, dann wird dein Partner einen Weg finden, mit dem, was du sagst, umzugehen.

Findet einen Weg, den Inhalt dessen, was ihr einander mitteilt - auch wenn es manchmal unangenehm ist -, nicht zu bewerten. Ermuntert einander zu noch mehr Offenheit. So entsteht ein Raum für Intimität, in der berührbarer (und damit guter) Sex stattfinden kann - weil ihr einander nahe seid, weil ihr über eure Ängste und eure Schamgrenzen hinausgegangen seid und dies vom anderen angenommen wurde.

Übung 1: Mit deiner Seele fühlen

Fühle den Geliebten in seiner Gegenwart, trinke ihn. Es ist leicht möglich, den anderen zu fühlen, wenn du den Verstand und seine Bewertungen einmal für einen Augenblick beiseitelegst. Atme tief in deinen Bauch und in dein Herz hinein. Nimm wahr, wie nah der andere ist. Genieße das.

Wenn du den Geliebten seelisch fühlen kannst - und erst dann -, beginne, ihn zu berühren. Lass dir Zeit ... Die erste Berührung muss nicht körperlich sein. Du kannst deinen Geliebten „mit deiner Stimme streicheln" durch die Art, wie du mit ihm sprichst. Während du mit deinem Geliebten sprichst, verbinde dich mit seiner Seele und mit seiner Sexualität, lass deine Sprache ihren Weg „in den anderen hinein finden". ... Deine Stimme darf ihm unter die Haut gehen. Du brauchst deine Stimme dafür nicht zu verändern ... es genügt, dass du selbst mit deiner Seele und deinem Eros in Kontakt bist.

Dann beginnen die ersten körperlichen Berührungen. Diese sind nicht zur sexuellen Stimulierung gedacht, sie sollen Vertrauen schaffen und die Haut nach und nach warm und geschmeidig machen, bis der

Ätherkörper des Geliebten leuchtet wie Bernstein, warm und genährt ist. Entscheidend ist, wie gesagt, dass du während der Berührung mit dir selbst in Kontakt bist, mit deinem eigenen Herzen, mit dem Herzen des Liebsten ... und deiner Aufmerksamkeit bei deinem Gefühl in deinen Händen, die behutsam sind.

Deine Hände wissen, wie sie den anderen Körper berühren sollen. Lass dich von ihnen führen. Stell dir vor, dass in deinen Händen die höchste Berührungsintelligenz wohnt. Lass dich überraschen, was sie von selbst wissen und machen.

Übung 2: Berühre dich selbst

Stimmig zu berühren ist eine Kunst, die sich mit der Übung von selbst entwickelt. Je mehr Fingerspitzengefühl du erlaubst, umso mehr werden deine Hände dich über die Kunst der Berührung lehren. Du kannst deine Berührungsintelligenz für dich selbst trainieren, indem du beispielsweise ein warmes Material wie polierten Speckstein mit deinen Händen berührst und so erforschst und liebkost, als handele es sich um wundervolle Körperteile deines Geliebten. Allein zu tanzen und dich dabei selbst am ganzen Körper sinnlich zu berühren steigert ebenfalls deine erotische Sensitivität. Wenn du deine Berührungen an deinem Körper als sinnlich empfindest, kannst du davon ausgehen, dass dein Liebster sie auch genießen wird. Treibe nichts voran und unterdrücke nichts ... so betrittst du einen Raum jenseits der Zeit.

Tipps

Diese Übungen machen zu zweit noch mehr Spaß. Überlasst eure Körper ihrem ureigenen Tanz, erlebt dieses „Körpergebet zu zweit" in tiefer Versenkung in euren inneren Raum.

Es ist eine hohe Kunst, Körper, Geist und Seele zu berühren. Wer bereit ist, zu fühlen, ohne zu denken, spürt von selbst, was zu tun ist, um die feinstofflichen Energien anzuregen.

Um Widerstände loszulassen, sprecht über eventuelle Hemmungen in der dritten Person. Benutzt dafür „Zwiegespräche der Dämonen". Sagt statt „Ich habe Angst": „Mein Dämon ist Angst." In der Regel genügt es, auszusprechen, *was ist*, und den Dämon wahrzunehmen, ohne ihn zu bewerten, um ihn loszulassen. Ihr könnt auch das Buch *Den Dämonen Nahrung geben* von Tsültrim Allione lesen und den jeweiligen Dämon gemeinsam verwandeln.

Der Eros als Quelle deiner Kraft

D ie sexuelle Kraft ist die Kraft, die das Fortbestehen des Lebens in der Welt gewährleistet. Darüber hinaus ist sie die Kraft, die zur Vereinigung von Gegensätzen drängt, damit daraus etwas Drittes, etwas Neues entstehen kann. Sie ist die Triebkraft unserer schöpferischen Tätigkeiten. Sie drängt alles Unvollständige und Ungelöste über den Weg des Ausdrucks in Richtung „Vollkommenheit". Und diese Vollkommenheit ist es, die wir letztendlich im Akt der sexuellen Vereinigung suchen. Der Orgasmus und die anhaltende Ekstase, aber auch der Schmerz unerfüllter Sexualität und Liebe dienen dazu, die Vereinigung der Seelen im Liebesakt, aber auch im geistig-seelischen Bereich zu suchen und dabei unser Bewusstsein weiterzuentwickeln.

So bilden Eros und Polarität die treibenden Impulse im Entwicklungsplan des Menschen, der die Einheit innerhalb der Polarität verwirklicht. Die Triebkraft der Natur und ihrer ewigen Zyklen begleitet uns bis zu dem Bewusstseinszustand, in dem wir über die Polarität hinausgehen. So schreibt der Dichter Rumi: „Jenseits von Gut und Böse – da sehen wir uns wieder!"

Wenn wir bereit sind, in der Sexualität unser eigenes Wesen und das Wesen des anderen zu ehren, bietet der Eros uns als Geschenk den Schlüssel zum Leben, zur Seele, zu uns selbst und zum wahren Selbst unseres Partners dar. Natürlich hat auch die Sexualität ihre Jahreszeiten und drückt sich im Frühling des Lebens, in unserer Sturm-und-Drang-Zeit, anders aus als im Herbst, der Zeit unserer Reife. Doch immer symbolisiert sie die innere Vereinigung des höchsten männlichen und weiblichen Prinzips.

Die ganze Schöpfung zeigt sich als Ausdruck des Liebesspiels des höchsten Göttlichen. Der Liebesakt bietet uns die Möglichkeit, diese Liebe im persönlichen Bereich kraftvoll zu leben. In der jüdischen Tradition des Chassidismus werden die Gläubigen angehalten, im Gebet zu Gott die gleiche Leidenschaft zu zeigen wie im Zusammensein mit der Geliebten. Stets müssen wir unsere Leidenschaft dort abholen, wo sie sich befindet. Indem wir die Leidenschaft zu Gott beziehungsweise zur universellen Kraft und zum geliebten Menschen miteinander verbinden, erfahren wir „himmlische" Liebe in unseren irdischen Körpern. Gelingt es uns, das schöpferische Potenzial unserer Triebkraft im Dienste unserer inneren Entwicklung zu nutzen, so wird sie uns zum Quell innerer Kraft, Inspiration und Freude. Ihre Vollendung findet die Sexualität dann im Stillen Liebemachen – in der ruhenden Vereinigung, in der alle Gegensätzlichkeiten aufgehoben sind.

Übung

Stellt euch vor, ihr seid wilde Tiere. Rauft miteinander, stöhnt miteinander, gebt brummende knurrende und ächzende Laute von euch. Drückt eure ganze Leidenschaft auf eine Weise aus, die jetzt gerade für euch stimmt. Wenn ihr mögt, stimuliert euch gegenseitig sexuell, vielleicht wollt ihr euch auch sexuell vereinen ... Und dann plötzlich, haltet inne. Werdet zu reinen Beobachtern. Entspannt euch in euch selbst. Spürt die Vibrationen eurer Körper, eurer Leidenschaft und verharrt in der inneren Stille, im inneren Frieden. Bleibt dabei miteinander in Kontakt. Entspannt euch, aber seid voll bewusst und genießt diese besondere Stimmung, die sich nun aufbaut.

Sich selbst zu lieben
ist der Beginn einer lebenslangen Leidenschaft.

Oscar Wilde

Dich selbst annehmen

Damit dein Geliebter beziehungsweise deine Geliebte in dein Leben treten kann, musst du ihn beziehungsweise sie zuerst einmal in dir selbst erwecken. Und der Liebste kann im Außen auch immer nur in dem Maße erscheinen, wie du ihn im Inneren zulässt. Der bzw. die „innere Geliebte" repräsentiert deine Fähigkeit zu lieben. Es liegt an dir, ob du die Einsamkeit als Himmel oder als Hölle empfindest, ob du die Zweisamkeit als Himmel oder als Hölle erlebst … und beides hängt davon ab, ob du in liebevollem Kontakt bist mit deinem/deiner inneren Geliebten (siehe „Die innerer Geliebter", Seite 72 ff.).

Um deinen inneren Geliebten/deine innere Geliebte zu wecken, musst du zuerst einmal dich selbst annehmen. Kein anderer Menschen kann das für dich tun. Wenn du dir einen Menschen suchst, der dich tatsächlich so liebt, wie du bist, dich aber selbst ablehnst, bist du wie ein Nichtschwimmer, der sich jemanden sucht, der ihn über das Wasser hält. Erst wenn du dich selbst genießen kannst, bist du reif für eine unabhängige Beziehung, in der jeder sich selbst verwirklicht, anstatt Babysitter für den anderen zu sein.

Wie liebevoll wir mit uns selbst umgehen, machen wir allzu oft auch von anderen Menschen abhängig: Wenn wir verliebt sind, stellen wir Rosen auf unseren Tisch und kaufen herrliche Massageöle. Und wenn der geliebte Mensch nicht (mehr) bei uns ist, wird das Rosenöl wieder in den Badezimmerschrank geräumt, und daran, uns selbst Rosen zu schenken, daran denken wir schon gar nicht mehr ...

Eine funktionierende Liebesbeziehung beruht darauf, dass du die Liebe, die du für dich selbst empfindest, mit dem anderen teilst und jede Situation, in die du mit deinem Partner gestellt bist, nutzt, um die Beziehung zu dir selbst zu vertiefen und zu verbessern. Dann bist du dir und dem anderen ein Geschenk. Dies beinhaltet, dass du deine Sinnlichkeit und deinen (An-)Trieb liebevoll annimmst, wie immer dieser sich zeigen mag. Gerade das wurde uns oft aberzogen. Wir müssen wieder lernen, gut zu uns selbst zu sein, unabhängig davon, ob es gerade einen anderen gibt, der liebevoll zu uns ist. Wenn wir unsere Sinnlichkeit nicht kultivieren, wenn wir unsere Sinne nicht pflegen, besteht immer die Gefahr, dass wir innerlich hart oder süchtig werden nach fremder Sinnlichkeit.

Willst du erfüllte Sexualität erfahren, ist die unabdingbare Voraussetzung, dass du dich selbst annimmst, dich selbst liebst. Und zu dir gehören auch deine Genitalien. Mach Schluss mit den sexualfeindlichen Erziehungsmustern des letzten Jahrhunderts. Liebe dich und erlaube dir, dich lieben zu lassen. Unterstütze deine Sinnlichkeit durch Yoni- beziehungsweise Lingam-Selbstmassage – die nicht zu verwechseln ist mit herkömmlicher Masturbation. Mittlerweile gibt es eine Reihe von DVDs, in denen die Massage Schritt für Schritt angeleitet wird, und zwar sowohl für Männer wie auch für Frauen (siehe unter „Tipps", Seite 65). Der Begriff „Lingam" kommt aus dem Sanskrit und ist eine Bezeichnung für den Penis, wohingegen das Sanskritwort „Yoni" die Vagina meint. Da dies verehrende Bezeichnungen für unsere Geschlechtsorgane sind, anders als Ausdrücke wie „Glied, Pimmel, Scheide oder Vagina", werden wir in diesem Buch vorwiegend die Sanskritnamen verwenden.

Übung

Sage zu dir selbst, *wenn du eine Frau bist:* „Meine Yoni ist wunderschön ... sie erinnert mich an die Blüte einer wundervollen, herrlich duftenden Blume und ich kann wundervolle Dinge mit ihr erleben."

Sage zu dir selbst, *wenn du ein Mann bist:* „Mein Lingam ist wunderschön ... es ist ein Wunder, wie er sich verändern kann. Er erinnert mich an einen Stößel und ich kann wundervolle Dinge mit ihm erleben."

Und sei dir bewusst: Es war die Eine Kraft, die deinen Schambereich geschaffen hat, um dir selbst und einem anderen Menschen Liebe zu offenbaren und Liebesglück zu schenken. Deine Geschlechtsorgane sind heilig und sie verdienen Liebe. Sie öffnen dir die Türen zu mystischen Räumen, deshalb: Ehre sie bei dir – und bei deinem Partner.

Tipps

Verwende positive sexuelle Affirmationen, nimm sie mit deinem MP3-Aufnahmegerät auf und höre sie dir an, während du ein Lingam- oder Yoni-Selbstliebe-Ritual durchführst. Es gibt Bücher, die dich genau in diesen Affirmationen unterstützen, wie etwa *Sexy Love Affirmations* von Linda Kaye.

DVDs über Lingam-, Yoni- und Tantramassage öffnen dir den Raum, um deine eigene Sinnlichkeit zu erleben. Empfehlenswert sind insbesondere die folgenden DVDs: *Self Massage. Masturbationstechniken für ihn* (Alive, 2009), *Erotic Sins. Erotische Massagen* (VZ Handelsgesellschaft, 2006) und *Tantra Massage. Jahrhunderte alte Techniken* (VZ-Handelsgesellschaft, 2009).

Zur sexuellen Stimulation empfehlen wir den männlichen Lesern, statt herkömmlicher Pornofilme die Orgasmusgeräusche von Frauen beim Liebesakt im Hintergrund laufen zu lassen und sich dabei eine Fantasie zu basteln, die den eigenen Selbstwert und die eigenen Fähigkeiten als Liebhaber stärkt. Die CD *Erotic Top 20: Sexual Stimulation, New Age Sex, Not Porn von Sounds of Love and Relaxation Music* ist hierzu beispielsweise wunderbar geeignet.

Und wie man Liebe nicht schenken könnte,
wenn man sie nicht hätte,
so hat man sie erst, wenn man sie schenkt.

Augustinus

Bedingungslos geben

Die Liebe lebt davon, dass wir den anderen und damit uns selbst beschenken. In diesem Sinne ist Liebeskunst bedingungsloses Sich-Schenken. Wer stets auf das bedacht ist, was er bekommt, und dabei aus den Augen verliert, was und wie viel er zu geben hat und wie wundervoll es ist, wie glücklich es ihn selbst macht, einen anderen Menschen glücklich zu machen, der läuft Gefahr, in sexuelle Isolation zu geraten.

In unserer Zeit knausern viele Menschen – leider – mit allem, was ihnen zur Verfügung steht: mit Wertschätzung, mit Anerkennung, mit Geld und ... sie übertragen ihre Mangelhaltung auch auf die Liebe. Und wenn sie einmal großzügig sind, dann, weil sie sich einen Vorteil davon erhoffen. Wenn sie im Gegenzug nicht bekommen, was sie sich versprochen haben, sind diese Menschen enttäuscht und wütend, sie fühlen sich schlecht behandelt.

Eine solche Erwartungshaltung verdirbt unser Geben, sie schwächt uns und engt uns ein. „Geben, um zu bekommen" ist eine Haltung, die aus einem Gefühl des inneren Mangels kommt. Bedingungsloses Sich-Verströmen dagegen ist eine Haltung, die aus einer inneren Fülle entsteht. Deshalb raten die Weisen: „Verlange nicht nach den Früchten deiner Handlungen!" Das gilt insbesondere für die Liebe, denn sie fließt tausendfach zu uns zurück, wenn wir sie verschwenderisch geben.

Wenn du einem Menschen sagst: „Ich liebe dich", und es in diesem Augenblick auch wirklich fühlst, dann ist das ein Geschenk an dich selbst, denn die liebevollen Gedanken sind zuvor durch dich hindurchgeflossen und haben dich erfüllt. Erwarte nichts zurück, keinen Dank, gar nichts. Drücke einfach nur deine Liebe aus. Wenn deine Liebeserklärung ehrlich war, fühlst du dich nicht verletzt, auch wenn der andere deine Liebe nicht erwidert, denn du hast keine Gegenleistung dafür erwartet. Deshalb: Gib anderen aus deiner inneren Fülle heraus als bedingungsloses Geschenk und nicht, um etwas zurückzubekommen.

Tipps

Gib, was du in diesem Augenblick zu geben hast, ehrlich und ohne Berechnung. So solltest du niemals Sex anbieten in der Hoffnung, dann geliebt zu werden. Spüre in dich hinein und frage dich: „Will ich mit diesem Menschen jetzt Sex haben?" Wenn ja, teile deine Sexualität - bedingungslos - wenn nein, dann lass es bleiben. Oder wenn dein Partner dich um eine bestimmte Sexpraktik bittet, frage dich: „Will *ich* das, macht es *mir* Spaß?" Wenn es dir keinen Spaß macht, lass es sein. Sei ehrlich, sei wachsam, sei dir selbst treu: Gib immer nur das, was in dir ist, nicht mehr, nicht weniger und nichts anderes! Erlaube dir, zu sein, wie du bist, und gestatte es deinem Liebsten, so zu sein, wie er ist.

Lass die Illusion los, du oder der andere müsste „vollkommen" sein, damit du das Zusammensein mit ihm genießen kannst. Genießt eure Unvollkommenheit. Genießt eure Macken, genießt eure Unterschiedlichkeiten. Es liegt so viel Schönheit darin, das zuzulassen. Loslassen - zulassen - sein lassen, das ist das Geheimnis der Liebe.

Solange wir glauben, etwas aus der Zeit herausnehmen, vor der Wandlung, der Entwicklung, der Veränderung bewahren zu können, entgleitet es umso sicherer unseren Händen. Denn erst die Entwicklung ist es, die Dauer gewährt.

Fritz Riemann, Grundformen der Angst

Ein kurzes Plädoyer für guten Sex – trotz Liebe

Je besser sich ein Paar, das erfüllte Sexualität praktiziert, kennt, desto mehr sind die Seelen der Partner aufeinander eingestimmt und umso solider und kraftvoller ist das elektromagnetische Feld, das beide Liebende erschaffen können. Wenn sich also zwei Menschen, die ihre Sexualität als stimmig empfinden, in Liebe gefunden haben, ist es eine wundervolle Bereicherung, mit dem Partner, den man hat, gemeinsam ein Stück des Weges zu gehen ... und das so lange, bis das Leben ihre Wege wieder trennt.

Es mag auch sein, dass ein Liebespaar im Alltag nicht besonders gut harmoniert oder die Partner an zwei verschiedenen Orten wohnen und deshalb nicht zusammenleben können. Wenn das Paar jedoch sexuell besonders gut harmoniert, könnte die gemeinsame Begegnung dem Aufbau göttlicher Sexualität geweiht sein, während das Paar den Alltag getrennt lebt.

Manchmal ist es auch umgekehrt: Ein Paar harmoniert seelisch und im Alltag hervorragend, aber sexuell passt es einfach nicht zwischen den beiden Partnern. Trifft das auf euch zu, solltet ihr nicht versuchen, etwas zu erzwingen. Wichtig ist, dass ihr offen und ehrlich miteinander darüber sprecht, *was ist*. Gewaltfreie Kommunikation und einfühlsames Zuhören sorgen dafür, dass keine unnötigen Verletzungen entstehen. Es gibt verschiedene Dinge, die ihr ausprobieren könnt. Möglicherweise braucht es ein besonderes Feld oder eine besondere Stimmung dafür, dass eure Sexualität gelingt. Einen Raum, in dem ihr das erfahrt, könnte euch beispielsweise der Besuch einer Tantra- oder einer Tantramassage-Gruppe oder sogar eine Abenteuerreise bieten. Manchmal genügt es auch, dass jeder selbst für seine sinnliche Erfüllung sorgt, was „Fremdgehen" beinhalten kann, aber nicht unbedingt muss. Vielleicht besteht die Lösung aber auch darin, dass jeder sich auf seine Weise „Appetit holt" und man dann gemeinsam die aufgeladene Sinnlichkeit zelebriert. Erotische Zwiegespräche könnten ebenfalls Wunder wirken.

Tipp

Besonders hilfreiche Vorschläge zur Lösung sexueller Blockaden bei festen Liebespaaren bieten unserer Erfahrung nach die Bücher *Die Psychologie sexueller Leidenschaft* von David Schnarch und *Guter Sex trotz Liebe* von Ulrich Clement an.

Dieser Augenblick, diese Liebe, sie finden Platz in mir.
Die vielen Dinge, sie vereinigen sich zu einem.
In einem einzigen Weizenkorn Tausend Bündel Ähren.
Ein Nadelöhr umfasst die Fülle einer Sternennacht.

Rumi

Die Reinheit des Herzens

Erfüllte Sexualität beginnt in der bedingungslosen Hingabe an das, was ist. Sie wirkt am stärksten in der wachsenden Vertrautheit mit einem festen Partner. Wenn du als Single oder in einer Beziehung sexuell unerfüllt lebst, lohnt es sich, genau hinzuschauen, was den freien Fluss dieser Energie behindert: Vielleicht liebst du dich selbst nicht und fühlst dich darum auch ungeliebt? Vielleicht hast du Vorbehalte oder du glaubst, dass du nur ohne Sexualität spirituell wachsen kannst? Vielleicht hast du auch Hemmungen, dich zu zeigen, wie du bist.

Sexualität ist weder gut noch schlecht, sie ist einfach – wie alles im Leben – der Spiegel deiner selbst, und sie kann als Heilmittel eingesetzt oder missbraucht werden. Erfüllte Sexualität hellt deine Stimmung auf. Sie löst zwar keine Probleme, aber wenn du die Schwierigkeiten, die du hast, während der Liebesbegegnung zur Seite stellen kannst, wird deine Sexualität für dich selbst und für deinen Liebsten ein Geschenk sein ... und oftmals lässt das tiefe Glück, das du in der erfüllten Sexualität erfährst, dich von einem Problem Abstand gewinnen.

Die einfachste Möglichkeit, um Belastendes zur Seite zu stellen beziehungsweise sich von einem Problem zu lösen liegt darin, deine Herzintelligenz zu aktivieren. Doc Childre hat eine entsprechende Methode entwickelt, um vom Kopf ins Herz zu kommen, die du in dem Buch *Stressfrei mit Herzintelligenz* von Doc Childre und Deborah Rozman beschrieben findest. Hier die fünf Schritte, die dich unterstützen, deine Herzintelligenz zu erwecken:

- Die Stopptaste drücken: Tritt einen Schritt zurück und betrachte das ganze Bild deines Alltagslebens (dabei tief einatmen).
- Die Aufmerksamkeit auf das Herz richten: Stell dir vor, dass du mit dem Herzen atmest und Energie in dein Herz einströmen lässt. Nimm dein Herz, vielleicht sogar deinen Herzschlag wahr. (Lenke vor dem Liebesakt stets die Aufmerksamkeit vom Alltagsgeschehen auf dein Herz. Denke an dein Herz, spüre dein Herz!)
- Positive Erinnerungen aktivieren: Erinnere dich an eine besonders schöne Zeit, ein besonders gutes Gefühl, beispielsweise eine gelungene sexuelle Begegnung mit deinem Partner.
- Das Herz befragen: Welche Reaktion (im Gegensatz zu deinen Alltagsgedanken) empfiehlt das Herz? Lass dein Herz eine souveräne Entscheidung treffen und sprich diese innerlich oder laut aus.
- Die Antwort des Herzens hören und umsetzen.

Wenn dein Partner dazu bereit ist, praktiziere die oben beschriebene Methode mit ihm gemeinsam. Teilt einander mit, was euer Herz bei Übungsschritt Nr. 4 empfiehlt.

Die Liebe ist ein Stoff, den die Natur gewebt
und die Fantasie bestickt hat.

Voltaire

Dein innerer Geliebter

Wenn du allein bist, öffne dein Herz für deinen Geliebten/deine innere Geliebte, so, als säße er/sie vor dir und würde dich liebkosen. Genau das tat die göttliche Shakti lange Zeit als Vorbereitung auf ihre Begegnung mit dem auf einem Berg meditierenden Gott Shiva. Aus der Liebesbeziehung von Shiva und Shakti entstand später das Tantra, der Weg der Verschmelzung mit dem inneren und äußeren Geliebten. Wann immer es gelingt, dein Herz für den Geliebten/die Geliebte zu öffnen, wird die Welt neu geboren.

Die nachfolgende Übung bringt dich in Kontakt mit deinem/deiner inneren Geliebten.

Deinem inneren Geliebten begegnen

Stell dir die folgende Frage: „Wenn mein Geliebter/meine Geliebte einen Duft hätte, welcher Duft würde ihm/ihr entsprechen?" Vielleicht duftet er/sie nach Rosen, dann kaufe dir den wundervollsten Rosenduft, den du finden kannst. Möglicherweise duftet er/sie aber auch nach Jasmin, dann suche dir den herrlichsten Jasminduft aus. Sei ruhig verschwenderisch, schließlich geht es um deinen inneren Geliebten.

Nun zündest du ein Räucherstäbchen an, das nach Rose oder nach Jasmin duftet, oder du verwendest eine Aromaessenz ... und du stellst dir vor, dass dein innerer Geliebter/deine innere Geliebte bei dir ist. Du erkennst deinen inneren Geliebten/deine innere Geliebte daran, dass es nach Rosen (oder was auch immer) duftet. Lass vor deinem inneren Auge ein möglichst genaues Bild von deinem/deiner inneren Geliebten entstehen, rieche ihn/sie. Kannst du seine/ihre Stimme hören? ...

Vielleicht möchtest du ein Mantra oder ein Gebet deiner Wahl sprechen, wie etwa: „Große Göttin, schenke mir den Partner, der mein höchster Segen ist", „Om Namah Shakti", „Om Namah Shivaja", oder du sagst einfach nur: „Schön, dass du da bist." Wiederhole den Satz immer wieder in Gedanken, 30 Minuten lang.

Stell dir vor: Er/sie ist da und meditiere in seiner/ihrer Gegenwart. Öffne dein Herz und deinen inneren Raum für ihn/sie. Umarme, umschließe ihn/sie. Verwende dein Mantra immer wieder, während du dir vorstellst: Er/sie ist da.

Nach 30 Minuten hältst du inne. Geh in die Stille. Rieche seine/ihre Gegenwart. Spüre ihn/sie. Stell dir vor, wie ihr miteinander atmet, in Liebe versunken. Öffne dein Herz für eure Begegnung in deinem inneren Raum. Du kannst hören, wie er/sie liebevoll deinen Namen flüstert. Trinke ihn/sie. Spüre tiefe Dankbarkeit dafür, dass du seine/ihre Präsenz spüren darfst.

Wann immer du dich im Alltag allein fühlst, erinnere dich an seinen/ihren Duft, daran, wie du ihn/sie in der Meditation erlebt hast, und an die Worte: „Schön, dass du da bist." Sei liebevoll zu dir selbst, so wie dein innerer Geliebter/deine innere Geliebte es in jedem Augenblick wäre. Vielleicht kochst du dir ein leckeres Essen und deckst für dich – und deinen inneren Geliebten/deine innere Geliebte – den Tisch, zündest Kerzen an und schaffst so eine Atmosphäre, die dem Eros in dir selbst huldigt. Denn: Nur wer sich selbst genießen kann, kann auch anderen Genuss bereiten.

Der Töpfer

Dein ganzer Körper hat Becher oder Süße,
einzig für mich.
Hebe ich die Hand, finde ich überall eine Taube,
die mich gesucht hat,
als hätte man dich, Liebe, eigens aus Lehm gemacht,
für meine Töpferhände.
Deine Knie, deine Brüste, deine Hüften, mangeln mir,
wie einer Höhlung in dürstender Erde
aus der man einst die Form gelöst,
und zusammen sind wir vollkommen wie ein einziger Fluss,
wie ein einziger Strand.

Pablo Neruda

Deine Sinne wiederentdecken

Leider haben viele Menschen die Unschuld ihrer Sinne verloren. Sie sind unfähig, eine Berührung in allen Details zu spüren. Sie können Liebkosungen nicht wirklich empfangen, sie nicht annehmen. Es gibt Menschen, die die Schönheit einer Blume auf dem Feld nicht sehen können. Sie haben verlernt, Schönheit wahrzunehmen. Sie können den Duft einer Blume nicht mehr genießen, weil ihr Riechen verkümmert ist. Sie können liebevolle Worte nicht in sich hineinlassen, ohne sie innerlich zu entwerten. Sie haben Angst davor, sich in ein gemeinsames Atmen hineinfallen zu lassen, und wissen nicht, dass bewusstes Atmen ein entscheidender Schlüssel ist auf dem Weg zur erfüllten Sexualität. Sie gehen Intimität aus dem Weg, wollen nicht, dass man ihnen zu nahe kommt. Sie wollen nicht berührt werden tief innen. Viele haben Angst davor, sich ihrer Sinnlichkeit bewusst zu öffnen.

Andere sind süchtig nach Sinnesreizen, und auch sie leben nicht in liebevollem Kontakt mit ihrem Bewusstsein. Doch wie liebevoll und bewusst können zwei Menschen einander berühren! Und wie tief ist der Frieden, den erfüllte Sinnlichkeit uns bietet! Die meisten Menschen wissen nichts mehr von diesem inneren Frieden und der inneren Nährkraft, die erfüllte Sexualität für uns bereithält. Ihre Sinnesreize wirken wie ungezähmte Wildpferde, die das Bewusstsein betäuben. Oft fehlt die „Erinnerung" daran, wie sich sinnliche Nährkraft anfühlt, oder diese Erfahrung wurde nie gemacht.

Machen wir uns also auf den Weg, unsere Sinne neu zu erkunden und herauszufinden, dass *wir selbst* die Quelle unseres orgiastischen Empfindens sind. Die Art und Weise, wie liebevoll oder lieblos wir mit unseren Sinnen - mit Augen, Ohren, Nase, Mund, Zunge, Haut - umgehen, spiegelt sich nicht nur in unserer Sexualität wider, sondern auch im Umgang mit der Welt.

Erfüllte Sexualität setzt voraus, dass wir zu unseren Sinnen eine liebevolle Beziehung pflegen. Wenn wir liebevoll mit unseren Sinnen umgehen, leben wir in einer sinnenfrohen Welt. Wir übernehmen die Verantwortung dafür, was wir mit unseren Sinnen erleben.

Wenn du eine erfüllte Sexualität erlebst, brauchst du keine Ersatzbefriedigungen. Du spürst den Reichtum in dir und fragst dich: „Brauche ich das, was ich gerade kaufen möchte, wirklich, oder ist es nur ein Ersatz für unerfüllte Sexualität?"

Sehen wir unseren Liebsten mit den Augen der Liebe, können wir diese Liebe auch in Kontakt mit anderen Menschen entdecken. Würde die Menschheit die heilende Kraft erfüllender Sexualität nutzen, gäbe es wahrscheinlich weniger Krankenhäuser, Erziehungsheime und Gefängnisse, weil Körper, Geist und Seele von selbst in Einklang kommen würden und Frieden fänden. Durch erfüllte Sexualität können wir alles innen und außen genesen.

Rate ich euch, eure Sinne abzutöten?
Ich rate euch zur Unschuld der Sinne.

Friedrich Nietzsche, Also sprach Zarathustra

Körper und Geist versöhnen

Wir Menschen sind sowohl Körper- als auch Geistwesen. Menschsein birgt damit die Aufgabe, Körper und Geist miteinander zu versöhnen. Die meisten Menschen identifizieren sich mit ihrem Körper und versuchen, dessen Bedürfnisse nach Sinnesreizen zu befriedigen, ohne jemals ihr Geistwesen kennengelernt zu haben. Andere leben aus dem Geist heraus und vernachlässigen den Körper. Sie halten den Körper für eine Maschine, doch er ist ein Wesen. Dein Körper sagt dir, wo es langgeht ... du brauchst ihm nur aufmerksam zuzuhören. Es ist wichtig, dass du deinen Körper liebst und nichts tust, was dich von ihm entfremdet. Wenn du deinen Körper nicht liebst, bist du anfällig für Dogmen und Fanatismus jeder Richtung und das tut dir nicht gut. Über deinen Körper erfährst du Identität und Liebe. Der Geist lernt so, durch den Körper, zu lieben.

Erfüllte Sexualität ist die energetisch „dichteste" Form, Liebe auszudrücken. In der körperlichen Liebe verschmelzen Mann und Frau zu einer Einheit. Auf eine sehr natürliche und unkomplizierte Weise stimuliert jeder im anderen die männliche beziehungsweise weibliche Energie, die ihm fehlt und die ihn darin unterstützt, in sich ganz zu werden. So sorgt erfüllte Sexualität für den Ausgleich deiner weiblichen und männlichen Energien. Wenn du dich mit deinem Partner verbindest, um mit ihm den Energieausgleich zu erleben, erfährst du jedes

Mal neu, wie wunderbar, wie segensreich und nährend das ist. Wird Geben und Nehmen in Harmonie vereint, verschmelzen beide Pole miteinander. Nicht umsonst sagt der große Lebenslehrer und Homöopath Andreas Krüger, Leiter der *Samuel Hahnemann Schule* in Berlin: „Orgiastisch gelebte Sexualität stimmt milde!"

An der Tür zum Himmel steht ein Wegweiser: „Zum Paradies – rechts, zum Vortrag über das Paradies – links!" Die meisten Menschen gehen zum Vortrag über das Paradies. Sie bereiten sich unentwegt auf das Leben vor, statt zu leben. Sie leben in einer Haltung , die sagt: „Das [was immer gerade da ist] ist es nicht." Sie warten auf Erfüllung ... irgendwann. Und sie denken an Sex, ohne ihn zu leben. In einem Workshop über Sexualität wurden die Teilnehmer gefragt, wie viele von ihnen in der letzten Woche Sex gehabt hätten. Es meldeten sich nur fünf Prozent. Und dann wurde gefragt, wie viele von ihnen in der letzten Woche sexuelle Fantasien gehabt hätten ... und das waren deutlich mehr. Solltest du, werter Leser, zu der ersten Gruppe gehören, frage dich: „Bin ich bereit, in der folgenden Woche mindestens *eine* praktische sexuelle Erfahrung zu machen, und wenn es nur Kuscheln oder Küssen ist?"

Es ist sinnlos, jahrelang zu warten, bis der „perfekte" Partner, der vielbesungene Seelenpartner, erscheint. Manche sparen sich so ewig auf und sterben unerlöst. Richtiger ist es, den Geliebten, der einem vom Leben geschenkt wird, zu lieben, ihn vollkommen zu lieben. Willst du die Geheimnisse der Welt kennenlernen, liebe eine Frau! Willst du das kosmische Licht erfahren, liebe einen Mann! Die Liebe zwischen Mann und Frau eröffnet dir die Erfahrung des Einsseins.

Tipp

Lisa Citores sehr empfehlenswerte CD *Shakti Tantra* (in englischer Sprache; Magdalene Women, 2008) zeigt dir als Frau, wie du in deine Klitoris, in deine Vagina hineinatmen kannst.

Der Liebende, der von der Bestätigung
eines Geliebten abhängig ist,
dessen Liebe ist wie eine Flamme,
die Öl zum Brennen braucht.
Aber der Liebende, der auf seinen eigenen Füßen steht,
ist wie die Sonne, die kein Öl braucht.

Hazrat Inayat Khan

Wenn das Selbst dem Selbst begegnet

Indem man einander mit liebenden Augen betrachtet, sich weich, liebevoll lächelnd in die Augen schaut und dabei in einem meditativen Zustand verharrt, erweckt man füreinander und miteinander die sexuellen Kräfte und reinigt den Geist.

Zärtliche Worte wie „Ich liebe dich" schaffen einen Raum der Geborgenheit für die sexuelle Begegnung, die sich von selbst ergeben muss. Jeder der beiden Liebenden ist zu hundert Prozent verantwortlich dafür, dass der Liebesakt „gelingt". Das ist das Wesentliche: die Anteilnahme am anderen, dass der andere auch wirklich gemeint ist. In der erfüllten Sexualität ist der andere niemals austauschbar, er ist einzigartig und unverwechselbar und möchte in seiner Einzigartigkeit auch gesehen und berührt werden. Man geht respektvoll und liebevoll miteinander um ... vor, während und nach der sexuellen Begegnung. Jeder darf in dem Raum seiner „göttlichen" Autorität und Größe verweilen, hier ist er ohne jeden Makel.

Der Mann ist in diesem Mysterium der „Lichtbringer". Es ist seine Aufgabe, der Geliebten das Licht, das er ist beziehungsweise gesammelt hat, darzubieten. Der Mann kann seine Lichtenergie, die er aus kosmischen Höhen aufgenommen hat, durch seinen Körper leiten und seiner Liebsten im Liebesakt über das Dritte Auge übermitteln. Er kann das Licht in seinem Kraftpunkt im Hara-Zentrum, das circa vier Zentimeter unterhalb des Bauchnabels liegt, speichern und seiner Liebsten schenken, wie es taoistische Lehren unterrichten, oder – und dort ist es sehr vital spürbar – durch den Penis energetisch übertragen.

Die Frau hingegen bietet den Nährboden für die Lichtenergie des Mannes. Ihre Hingabe, ihre Präsenz hat einen Magnetismus, für den sie Verantwortung trägt. Wie der Mann durch seine Lebensführung und Meditation für das Licht und dessen Reinheit und Qualität verantwortlich zeichnet, so liegen der Magnetismus und die Offenheit in der Verantwortung der Frau.

Begegnen sich in der Liebe Gott und Göttin, so sind außersinnliche Fähigkeiten, zum Beispiel das innere Auge, oft automatisch mit einbezogen. Bei geöffnetem innerem Auge ist es möglich, im anderen dessen sexuellen Punkt zu sehen und allein durch einen Augen-Blick stimmig zu stimulieren. (Siehe unter „Dein sexueller Punkt" und „Der sexuelle Punkt deines Partners", Seite 110 ff.)

Ritual, um die sexuelle Begegnung einzuleiten

Bevor ihr euch einander hingebt, führt das folgende Ritual aus:
Die Frau sagt zum Mann: „Shakti ... [Name des Partners] ich ehre und verehre dich als ein Aspekt meines inneren göttlichen Mannes."
Dann fügt sie noch ein ehrlich gemeintes Kompliment an.
Der Mann hört zu und nimmt das Kompliment dankbar an.
Danach sagt der Mann zur Frau: „Shiva ... [Name der Partnerin für Männer], ich ehre und verehre dich als ein Aspekt meiner inneren Göttin."
Er fügt noch ein ehrlich gemeintes Kompliment hinzu.
Die Frau hört zu und nimmt das Kompliment dankbar an.

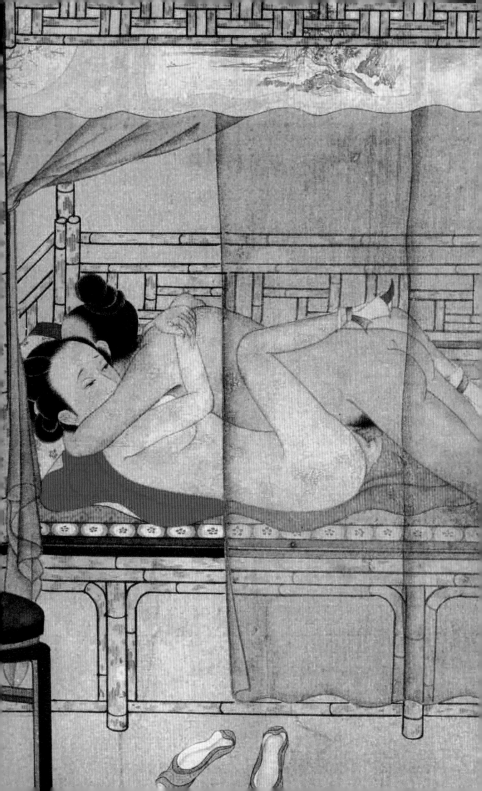

Ein paar Gramm Praxis

NACHDEM WIR UNS NUN AUSFÜHRLICH mit der Geschichte des Eros und den wundervollen Möglichkeiten, die in ihm schlummern, beschäftigt und so Himmel und Erde in uns aufgenommen haben, soll es nun um die praktischen Aspekte des Eros gehen.

Kuschelpartys

Wer einen ersten Schritt machen will, um Körper und Geist zu versöhnen, dem möchten wir hier ans Herz legen, doch einmal eine Kuschelparty zu besuchen. Sie sind insbesondere für Singles eine wundervolle Gelegenheit, um Nähe zu finden. Wir könnten uns viel Therapie sparen, wenn wir einfach mehr kuscheln würden. Was hat es mit den Kuschelpartys auf sich, worin liegt ihre Qualität?

Auf der oberflächlichen Ebene erfüllen wir durch Kuscheln unser Bedürfnis nach Nähe und Geborgenheit, wir nehmen unsere Angst vor Ablehnung an und überwinden sie. Viele Menschen lehnen ihren Körper ab, sie kümmern sich nicht um ihn und wundern sich, dass er unansehnlich wird. Wichtig ist hier, dass wir Ja sagen zum eigenen Körper, zur Körperlichkeit, danach nehmen wir unseren Körper an, wie er jetzt ist ... und dann schenken wir ihm unsere Aufmerksamkeit, wir hegen und pflegen ihn liebevoll. Versuche es ... du wirst sehen: Er wird schön werden.

Und wenn du nun deine Selbstannahme weitergibst an andere Menschen, die nach Nähe und Berührung hungern, etwa bei einer Kuschelparty, dann bist du ein Gebender. Dann erhebst du den anderen und sorgst dafür, dass er sich verjüngt und seine ganze innere Schönheit ausstrahlt und damit andere berührt.

Kuschelpartys werden mittlerweile deutschlandweit angeboten. Sie sind jedoch kein Selbstbedienungsladen, sondern ein Raum, in dem Menschen sich finden, die etwas zu geben, etwas miteinander zu teilen haben. Es ist ein gemeinsames In-die-Tiefe-Gehen – ein Sich-fallen-Lassen, tiefer und tiefer. Im Kuscheln können wir gemeinsam eintauchen in uns selbst ... und das bis tief hinein in unser Zellbewusstsein. Wer selbst bereits innere Tiefe entwickelt hat, kann diese beim Kuscheln einbringen. Kuscheln ist eine Form von Kommunion, in der wir gemeinsam bis zur Ebene der Zellen hinabgleiten. Kollektiv zu kuscheln ist also weit mehr als die bloße Befriedigung des Bedürfnisses nach körperlicher Nähe, es ist in gewisser Weise eine spirituelle Begegnung ... und es ist gesund für Körper, Geist und Seele.

Tipp

Informationen über Kuschelpartys – Termine und Orte – findest du unter *www.kuschelparty.de.*

Küsse sind das, was von der Sprache
des Paradieses übrig geblieben ist.

Joseph Conrad

Küssen hält fit!

Der „Hormonpapst" Professor Dr. Dr. Johannes Huber ist Leiter der klinischen Abteilung für gynäkologische Endokrinologie am *Allgemeinen Krankenhaus (AKH)* in Wien. Professor Huber propagiert Küssen als Medizin gegen die gesundheitlichen Risiken unseres Alltags – und das mit Recht.

Prof. Hubers Forschungen[16] haben ergeben, dass Küssen

- anregend wirkt auf die Neurotransmitter im Gehirn und außerdem als Stressprophylaxe wirksam ist. Insbesondere reduziert es die Entstehung des Stresshormons Glukokortikoid;
- bei Bluthochdruck, Muskelatrophie und vorzeitiger Zellalterung hilft. Es fördert den Kreislauf, stärkt das Immunsystem und normalisiert den Cholesterinspiegel;
- Patienten schneller genesen lässt;
- die Speichelbildung anregt. Dadurch können wertvolle Mineralien, unter anderem Kalzium, vom Zahnschmelz aufgenommen und zur Zahnhärtung verwendet werden;
- die Sauerstoffzufuhr verbessert und Lungen und Atemwege stärkt – ähnlich wie Joggen –, da wir beim Küssen dreimal so viel atmen wie beim Sitzen;

- schmerzlindernd wirkt, auch in der Zeit nach dem Kuss;
- unzählige Gesichtsmuskeln gleichzeitig aktiviert. Dies wirkt sich verschönernd auf das Gesicht aus und hilft gegen Gesichtsverspannungen;
- die Produktion der Sexualhormone anregt, insbesondere wenn dabei die Zungenspitzen beider Partner miteinander in Verbindung bleiben. Die Lippen und die Zunge, insbesondere die Zungenspitze, haben eine direkte nervale Verbindung mit den Genitalien.

Küssen bewirkt außerdem eine „kreuzweise Immunitätstherapie": Durch die Bakterien im Speichel des Partners, die sich von den eigenen unterscheiden, wird der eigene Körper angeregt, Antikörper zu bilden – das Immunsystem „lernt". So ist Küssen vielleicht die natürlichste Schluckimpfung der Welt.[17]

Tipp

Eine besondere Liebesbegegnung finden viele von uns im oralen Liebkosen von Lingam und Yoni. Gute Bücher zu diesem Thema sind *Mehr Lust für sie* von Ian Kerner und *Perfekt im Bett. So machen Sie ihn beim Sex wirklich glücklich* von Lynn Hagens.

Süße

Wenn zwei Menschen sich in ihrem Innersten verstehen,
sind ihre Worte süß und stark wie der Duft von Orchideen.

aus China

Vorbehalte aussprechen und loslassen

Erfüllte Sexualität ist ein Weg zur Seele des anderen, zu seinem Allerheiligsten, zu seinem Mysterium. Die Liebe zum Partner, das Mitgefühl für ihn, und dass man ihn annimmt, wie er ist, sind hierfür wichtige Voraussetzungen. Und so ist es hilfreich, Vorbehalte – etwas, das zwischen den Partnern steht – *vor* (nicht nach) dem Sex zu klären, sie auszusprechen. Wichtig ist, die Vorbehalte zu erkennen, sich aber nicht mit ihnen zu identifizieren, sie also in dem Wissen auszusprechen, dass sie einfach etwas sind, das noch zwischen den Liebenden und damit der Nähe zwischen den Partnern im Wege steht.

Die Liebenden tun in jedem Fall gut daran, Wertungen und Urteile über den Partner vorab zu klären, zum Beispiel mithilfe der Selbsterforschungsmethode „The Work" von Byron Katie. Ans Herz legen möchten wir dir an dieser Stelle außerdem die Energiefeldtherapie (EFT), eine einfache Klopf-Akupressur-Methode, die in kürzester Zeit hilft, verschiedenste Arten von Stress, Problemen und körperlichen Beschwerden aufzulösen. Vorstellungen, Tabus und Scham hindern uns ebenfalls daran, „total" zu sein, und so lohnt es sich, sie aufzulösen, damit „es" jenseits der Grenzen des Verstandes einfach geschehen kann.

EFT arbeitet mit der Selbst-Versöhnungsformel: „Auch wenn ich ... [Problemthema wie z. B. Angst, Unsicherheit etc.] erlebe, akzeptiere ich mich voll und ganz." Und allein diese Selbst-Versöhnung kann euer Liebesleben wesentlich entspannen. Wenn Negatives hochkommt, bedeutet das nicht, dass die Begegnung schlecht für euch ist. Das Licht, das einem leuchtet, wenn man in den dunklen Keller geht, ist ja auch nicht schlecht, nur weil es die Dunkelheit drum herum sichtbar macht. Leidenschaft zu leben bedeutet auch, „bei der Seele ein Schwitzbad zu nehmen", das heißt, den eigenen Schatten zu bearbeiten. Die Liebe zwischen Mann und Frau ist die große Chance für beide, all ihre „Schatten" zu erlösen. Jede Ekstase, die mit reinem Herzen erlebt wird, stärkt die Seele.

Übung: Zwiesprache der Dämonen

Im Tantra werden Vorbehalte „Dämonen" genannt. Die folgende tantrische Übung ist hilfreich, um die Dämonen zu verscheuchen.

Ihr sitzt einander vor dem Liebesakt gegenüber und einer von euch beginnt, seine Vorbehalte auszusprechen, indem er sagt: „Mein Dämon ist ... [Angst, Ärger, dass ich dich bewerte ...]." Der andere öffnet sein Herz und bleibt so lange in mitfühlender Offenheit, bis beide spüren, dass dieser „Dämon" sich aufgelöst hat. Das geschieht, weil wir offen für uns selbst und für den anderen sind mit allem, was gerade da ist und auf Wertungen verzichten. Dann ist der andere an der Reihe, danach wieder der Erste. ... Macht diese Übung so lange, bis sich kein „Dämon" mehr zeigt, der den heiligen Raum der Liebe stören könnte.

Literaturtipps

- Ein empfehlenswertes Buch zu „The Work" ist *Lieben was ist* von Byron Katie und Stephen Mitchell.
- Zum Thema „EFT" möchten wir dir *EFT – Klopfakupressur für Körper, Seele und Geist* von Christian Reiland ans Herz legen.

Sexuelle Fantasien, Rollenspiele, Dirty Talk

Konditionierungen und Medien haben Vorstellungen in uns erschaffen, die sich unserem Zellgedächtnis einprägen, wo sich alle verdrängten Energien, Wünsche und Fantasien befinden. Sie kommen hoch, wenn wir das Feld der Sexualität betreten – und sie wollen erlöst werden. Sie möchten endlich wahrgenommen und losgelassen werden.

Erfüllte Sexualität kann erst in unser Leben treten, wenn wir authentisch sind und zu uns selbst stehen. Solange wir Teile von uns unterdrücken oder ablehnen, sind wir gestresst und angespannt und mit innerem Kampf beschäftigt. ... Deshalb ist es wichtig, dass jeder für sich selbst und die eigene Sexualität Verantwortung übernimmt und anerkennt, wo er in Bezug auf Sexualität in seinem Leben tatsächlich steht ... statt sich damit aufzuhalten, darüber nachzudenken, wo er gern stehen würde oder stehen „sollte". Uns selbst annehmen – das ist der Weg, der uns weise und mitfühlend macht.

Die sexuellen Spiele, die wir lieben, die Art der Verführung, die uns heißmacht, und unsere sexuellen Vorlieben geben tiefe Einblicke in unser tiefstes Inneres und werfen ein Licht darauf, welche Themen vielleicht noch anstehen auf unserem Weg zurück zur Einheit. Es gibt keinen Grund, sie zu beschönigen oder zu verdammen, keinen Grund, sich schlecht oder falsch zu fühlen, denn all diese Themen sind letztendlich nicht wichtig. ...

Medien verführen uns dazu, einen wildfremden Menschen in unserer Vorstellung dazu zu benutzen, um uns zu erregen ... das gibt uns einen Kick. Wir brauchen uns deswegen nicht zu verurteilen. Fantasien und Sex Talk im Internet können uns anregen. Doch: Zu einem tief gehenden Orgasmus sind wir nur in der Lage, wenn wir uns mit einem Liebespartner verbinden. Und so ist es immer lohnenswerter, sich auf den Liebespartner einzulassen, den wir haben. Nur dort können wir gemeinsam authentische Erfahrungen machen.

Sex Talk kann hierbei hilfreich sein und er ist eigentlich nicht schwer: Unser Sexualzentrum hat seine eigene Sprache, seine eigenen Worte und je mehr wir mit ihm verbunden sind, umso stärker wird unsere sexuelle Intelligenz die jeweils „stimmigen" Worte ausdrücken. Wer keinen Partner hat, kann das eigene „Zärtlichkeitskonto" auf Kuschelpartys auffüllen. Das ist sicher gesünder, als in Wunschbildern stecken zu bleiben und dabei innerlich einsam, bedürftig und unerfüllt zu sein. Wichtig ist auch, dass du dir bewusst bist, dass dein sexueller Weg dich über die Fantasien hinaus zu innerer sexueller Präsenz, Frieden und Erfüllung führen wird.[18]

Wirklich zu lieben bedeutet, unterschiedslos alles zu lieben: unser Licht *und* unseren Schatten. Jedes unserer Seelengeheimnisse ist nur eine Etappe auf dem Weg zu einer umfassenderen Form der Liebe. Und jeder Etappensieg lohnt sich ...

Allein durch den bewussten Umgang mit unserem Schatten erfahren wir Selbstannahme und Erfüllung. Dies setzt wiederum voraus, dass wir den Mut aufbringen und uns auf unsere Ressourcen besinnen, um uns so zu zeigen, wie wir tatsächlich sind. Auf diese Weise sammeln wir Erfahrungen und werden mit der Zeit weiser und sanfter im Umgang mit unserer sexuellen Energie. Wir lernen zu erkennen, was uns „wirklich" erfüllt. In diesem Sinne dient erfüllte Sexualität dazu, Illusionen abzubauen und Vorstellungen loszulassen.

Tipps

Sei so ehrlich zu dir selbst und zu deinem Partner, wie es geht. Übe dich darin, ihm mitzuteilen, wie er dein Feuer entfachen kann, was du brauchst usw. Verdränge nichts, sondern gehe mit dem, was sich zeigt, bewusst um. Tue das so unverkrampft wie möglich. Weise nichts zurück und erzwinge nichts, sondern teile dich mit und sei neugierig auf die Wahrheit, die sich dahinter verbirgt.

Literaturtipps

- Wenn du nicht weißt, *was dich sexuell erregt*, dann versuche, das herauszufinden, indem du dir Fragen stellst. Hierbei kann dich das Buch *Erotische Intelligenz* von Jack Morin begleiten. Hier findest du Fragen wie: „Nehmen wir einmal an, du willst sexuell erregt werden und darfst dafür jede Fantasie benutzen, die dir einfällt – woran würdest du denken?"

- *Aber nicht vergessen:* Was uns heute antörnt, kann morgen vielleicht schon überholt sein und vieles, was uns in der Fantasie erregt, möchten wir im Alltag möglicherweise überhaupt nicht ausprobieren. Es genügt, wenn wir – und unser Partner – unsere Fantasien und Vorlieben frei von Verurteilung ehren, damit wir uns sexuell weiterentwickeln können.

- Willst du deine Sexualität zur *Transformation deiner Schatten* nutzen? In diesem Fall lohnt es sich, dein „Verborgenes sexuelles Ich" aufzuspüren. Hierfür gibt es ein ideales Begleitbuch, das beim Fährtenlesen hilft: *SQ. Sexuelle Intelligenz* von Sheree Conrad und Michael Milburn.

- Das vielleicht beste Buch über *erotische Rollenspiele* gibt es derzeit leider noch nicht in deutscher Sprache. Der englische Titel von Jules Markhams Buch lautet *Sensual Roleplay*. Doch erinnere dich: Deine Fantasien zu leben bedeutet nicht, in ihnen stecken zu bleiben, sondern sie zu durchschreiten.

- Auch *Dirty Talk* kann man lernen. Hierfür gibt es zwei hervorragende Lehrbücher. Frauen empfehlen wir hier das Buch *Sex Talk* von Barbara Keesling und Männern *Die Kunst des schmutzigen Gesprächs: Dirty Talk* von Alexa Adore und Joe Toro. Letzteres ist mittlerweile auch als Audio-Buch erschienen. *Sex Talk* hilft uns, über unsere Schamgrenzen hinauszugehen, und muss nicht unbedingt „schmutzig" sein, er kann uns einfach ermuntern, unsere Lust zu zeigen und zu leben.

Die Liebe schafft den Raum,
in dem der andere er selbst sein kann.

Romano Guardini

Einander befähigen

Ich erinnere mich an meine ersten Versuche im Windsurfen auf dem Gardasee: Da der Surfkurs erst am Montag begann, habe ich mir am Sonntag einen Privatlehrer genommen. Dieser hat mich angeschaut und zu mir gesagt: „Ich sehe, dass du es bereits kannst, fahr mir einfach hinterher und mach nach, was ich mache. Du wirst sehen, es klappt sofort." Tatsächlich fiel ich an diesem Sonntag kein einziges Mal ins Wasser, auch wenn ich mich bei Wende und Halse noch ein wenig ungeschickt anstellte. Der Lehrer hatte mich befähigt, mein wahres Können zu erfahren. Am nächsten Tag begann dann der Kurs und der neue Surflehrer sagte: „Ihr werdet sehen, am Anfang klappt gar nichts und ihr werdet immer wieder ins Wasser fallen!" Und so ging es mir dann auch: Nichts klappte mehr. Am Sonntag hatte ich weitaus besser gesurft – bevor man mir gesagt hatte, dass ein Anfänger ständig ins Wasser fällt.[19]

Ähnlich ist es in der Liebe. Was ist passiert, wenn eine graue Büromaus eines Tages plötzlich unglaublich sexy wirkt und die Blicke aller Männer auf sich zieht? Wahrscheinlich ist sie gerade frisch verliebt und ihr neuer Liebhaber sagt ihr gern immer wieder, wie begehrenswert und wundervoll sie ist. So wird sie befähigt, ihre Weiblichkeit zu leben. Und auf einmal sehen auch die anderen Männer, was für eine Erotik sie ausstrahlt und wie schön und anziehend sie auf alle wirkt.

Für die Liebe zu deinem Partner ist entscheidend, was du über ihn denkst und denken *willst*: Ist der andere der beste Liebhaber aller Zeiten oder eher ein Sexmuffel? In beiden Fällen wirst du vermutlich recht behalten. Ist er ein schlechter Lover oder ein großartiger? Ist der Sex mit ihm langweilig oder atemberaubend? Wofür suchst du die Bestätigung? Was bringt dir mehr Genuss? Willst du Recht behalten mit dem, was du glaubst? Oder willst du dich von den Wundern, die im anderen stecken, verzaubern lassen? Recht zu haben ist in dem Fall der erotische Trostpreis im Leben ...

Wenn du im anderen das Bestmögliche siehst und ansprichst, wird genau das in ihm antworten, es wird sich durch ihn zeigen. Das funktioniert nicht nur bei frisch Verliebten, sondern auch in langjährigen Partnerschaften: Du bestimmst durch deine Haltung, wie attraktiv der andere für dich ist. Und je attraktiver du ihn findest, je mehr du an ihm liebst, umso belohnter wirst du dich fühlen. Indem du den anderen – auch zu Intimität und Nähe – befähigst, öffnest du den Raum für wunderbare Erfahrungen mit ihm.

Erfüllte Sexualität ist Ausdruck dafür, dass wir uns gegenseitig befähigen, dass wir vorbehaltlos Ja zueinander sagen. Der erste Schritt besteht darin, dass du dich selbst befähigst, *dich selbst* als ein erotisches Wesen anerkennst. Gib dem Besten in dir und in deinem Partner Raum, sich zu zeigen!

Übung

Finde etwas, das dir an deinem Liebsten gefällt, und sprich es aus. Es sollte sich um ein Merkmal handeln, das für ihn/sie charakteristisch ist. Es kann der kleine Leberfleck hinter seinem Ohr sein oder die wundervolle Form ihrer Brüste, sein Fingerspitzengefühl oder ihr Sinn für Romantik. Dabei ist es unwichtig, ob dieses Merkmal dem gängigen Schönheitsideal entspricht – die Schönheit liegt immer im Auge des Betrachters.

Lass den anderen wissen, was dir an ihm gefällt und was dieses Charakteristikum Wundervolles in dir auslöst. Je genauer du die Besonderheit und Eigenart des anderen triffst, umso mehr wird er sich berührt und gemeint, „erkannt" fühlen. Sage deinem Liebsten, was beim Sex mit ihm ganz besonders schön ist, und du wirst reichlich beschenkt werden.

Tipps

Befähige deinen Liebsten, ein guter Liebhaber zu sein, bevor ein anderer es tut. Stell dir vor, wie dein Liebhaber wäre, wenn er der tollste und aufregendste Geliebte der Welt wäre, und: Behandele ihn so. Sieh deinen Schatz so an, als sei er der wundervollste Lover der Welt, und er wird sich in diese Richtung entwickeln.

Jeder von uns sehnt sich danach, anerkannt und gewürdigt zu werden, auch als Geliebter/Geliebte. Dein Partner wartet darauf, dass du ihm ein Kompliment machst, was seine Erotik, seine Sinnlichkeit, den Sex mit ihm anbelangt – worauf wartest *du* noch?

Die Liebe ist wie der Mond:
Wenn sie nicht zunimmt, nimmt sie ab.

Vicomte de Ségur

Sich auf Intimität und Nähe vorbereiten

Wenn der Geliebte kommt, lass den Alltag ganz los ... die ganze Welt um euch herum darf versinken. Dein Schatz ist jetzt der wichtigste Mensch. Schalte den Anrufbeantworter ein und das Handy aus. Sprich nicht über Dritte, die nicht anwesend sind. Fühle, wie viel der andere dir bedeutet. Gib ihm das Gefühl, dass er einzigartig ist, und sei wirklich um ihn bemüht. Schau nicht nur auf sein Äußeres, sondern sieh sein Potenzial, das Gute, das in ihm verborgen ist. Richte dein Augenmerk auf die Talente, die noch in ihm schlummern.

Tipp

Aus der Quantenphysik wissen wir, dass die Art, wie wir etwas beobachten, den Gegenstand der Beobachtung verändert. Und Antoine de Saint-Exupéry schreibt in seinem berühmten Buch *Der kleine Prinz*: „Man sieht nur mit dem Herzen gut ..."

Sieh den anderen liebevoll und warmherzig an, so als wären deine Augen direkt mit deinem Herzen verbunden. Streichle ihn mit deinem Blick. Nimm den Liebsten mit deinem Herzen wahr und fühle vom Herzen her, wie tief er dich berührt.

Zu Beginn der sexuellen Vereinigung
richte deine Aufmerksamkeit auf das anfängliche Feuer
und verharre darin,
um die Gluthitze des Endes zu vermeiden.

Osho

Das seelische Vorspiel

Um die für die sinnliche Liebe erforderlichen feinstofflichen Felder aufzubauen und auf das gemeinsame Erleben vorzubereiten ist ein „seelisches Vorspiel" notwendig. Das bedeutet, dass man sich auf die Seele des anderen einschwingt. Nehmt euch mindestens einmal im Monat, besser einmal wöchentlich einen freien Tag, schickt die Kinder zur Oma und gönnt euch Zeit für eure Liebe: Spielt in den ersten Stunden nur auf der Seele des anderen wie auf einem wertvollen Instrument, sprecht miteinander über euch, über das, was euch bewegt, fühlt mit dem anderen, fühlt euch wohl miteinander. Jetzt geht es nicht in erster Linie um Sex – schafft einen Raum, in dem Entspannung stattfinden kann, seelisch und körperlich. Nichts muss, aber alles darf geschehen.

Es ist wichtig zu erkennen, dass erfüllte Sexualität ein Prozess ist, der dieser Vorbereitung bedarf und nichts mit „Kopfkino" zu tun hat. Man kann sie nicht „machen", sie geschieht, wenn man es zulässt. Bilder, Projektionen und Gedanken führen uns weg vom „Hier und Jetzt" und damit weg von uns selbst und unserem Liebsten, von dem, was tatsächlich in diesem Augenblick zwischen uns entsteht. Es gibt viele unterschiedliche elektromagnetische Felder in der Interaktion von Liebenden. Lass dich überraschen, geh in jede Begegnung mit der staunenden Unschuld eines Kindes hinein.

Einander Gutes wünschen – ein Ritual

Das nachfolgende Ritual soll euch auflockern ... und auch ein wenig erheitern.

Übung A

Steht einander gegenüber, verbeugt euch voreinander und mit einer weit ausholenden Bewegung des rechten Armes führt jeder von euch seinen gestreckten rechten Zeigefinger auf den rechten Zeigefinger des anderen zu. Sobald sich die Zeigefinger berühren, sagen beide: „Pling." Dann sagt einer von beiden: „Ich bin ein Zauberer und mit meinem Zauberstab wünsche ich dir ... [Glück, Gesundheit, Geld ...]." Der andere antwortet: „So ist es!" Danach sagt der andere: „Ich bin ein Zauberer und mit meinem Zauberstab wünsche ich dir ...[Glück, Gesundheit, Geld ...]."

Diese Übung eignet sich auch als Übung in der Gruppe, wobei man die Partner immer wieder wechseln kann.

Übung B

Ihr steht nackt voreinander. Der Mann berührt die Yoni (Vagina) der Frau. Die Frau sagt: „Ich bin eine Zauberin und mit meinem Zauberkästchen wünsche ich dir ... [Glück, Gesundheit, Geld ...]." – Und er antwortet: „So ist es!" Dann berührt die Frau den Lingam (Penis) ihres Liebsten und der Mann sagt: „Ich bin ein Zauberer und mit meinem Zauberstab wünsche ich dir ... [Glück, Gesundheit, Geld ...]." – Und sie antwortet: „So ist es!"

Viel Spaß beim Ausprobieren – du wirst sehen, es funktioniert. ...

Liebe ist, zusammen unter einer Decke zu stecken.

Kim Grove

Stilles Liebemachen

Oft kommt man sich, wenn es um die körperliche Liebe geht, zu schnell zu nah ... man lässt sich zu wenig Zeit, sich aufeinander einzustimmen. Doch die Reise beginnt im Herzen und in der Verschmelzung der Herzen. Das Herz füreinander zu öffnen ist eine heilige Erfahrung, die euch dann während des ganzen sexuellen Aktes begleiten kann.

Beim Stillen Liebemachen geht es darum, hinzuspüren, was die Körper sich gerade zu sagen haben und was sie miteinander machen wollen.

Der Australier Barry Long hat diese Form des heilenden Liebesaktes auf der ganzen Welt bekannt gemacht. Beim Stillen Liebemachen braucht es nicht viel Bewegung. Der Mann führt seinen Lingam in die Yoni ein und bewegt sich gerade so viel, wie nötig, damit sein Glied steif bleibt. Die Frau kann den Lingam des Mannes leicht mit den Muskeln ihrer Yoni massieren. Eine ähnliche Form der Liebesbegegnung beschreibt Bärbel Mohr in ihrem Buch *Sex wie auf Wolke 7*.

Wie ist es möglich, dass der Lingam des Mannes beim Stillen Liebemachen in der Yoni bleibt? Das macht sein innerliches Ja zu diesem Akt. Er kann sich sagen: „Ich bin gern hier drinnen. Ich habe hier allen Raum, mich auszudehnen. Ich bin willkommen. Ich fühle meine Kraft. Ich bin kraftvoll." Dabei kann er ganz bewusst in seinen Lingam hineinfühlen.

Und wie kann die Frau in sich ruhen und den Lingam genießen? Sie sagt sich: „Es ist nicht nur ein Lingam, es ist der Lichtstab Gottes selbst, der mich ausfüllt. Ich bin gern ausgefüllt. Es ist gut, ausgefüllt zu sein. Es ist eine gute Energie, die ich in mir trage. Ich bin bereit, zu schmelzen und meine Säfte fließen zu lassen. Ich genieße die Kraft des Mannes. Ich erlaube dem Mann, stark zu sein. Ich nehme den Mann in mir an und in mich auf."

Es gibt keine optimale Stellung beim Stillen Liebemachen. Jede Haltung, die bequem ist, ist gut. Wenn zugleich ein Heilstrom im ganzen Körper aktiviert werden soll, empfiehlt sich die Stellung „Kobra trifft Löwin": Der Mann versenkt sich in der Missionarsstellung in die Frau, drückt seinen Oberkörper mit den Armen nach oben und dehnt den Kopf nach hinten, so wie in der Yogaposition „Die Kobra". Jetzt können die heilenden Säfte vom Becken bis in die Zirbeldrüse steigen und seinen ganzen Körper nähren. Die Frau liegt auf dem Rücken, das Becken wird eventuell durch ein Kissen erhöht, die Beine sind angewinkelt, die Füße aufgestellt, der Kopf wird ebenfalls nach hinten gedehnt und der Blick geht zur Decke ... als würde sie den Mond ansehen. Die Frau atmet in ihr Becken hinein und erlebt, wie die heilenden Säfte durch ihren Körper strömen. Doch dies ist nur eine von vielen Möglichkeiten, Stilles Lieben zu erfahren.

Der Unterschied zwischen Stillem Liebemachen und „normalem" Sex liegt darin, dass bei Ersterem auf gezielte Penetration, Orgasmus, Ejakulation und sexuelle Projektion bewusst verzichtet wird. So wird Sexualität zum Heilmittel, auch für Gemütsleiden. Der Lingam ist ein Heilstab, der – in der Grotte der Yoni versenkt – die Geliebte von einem Augenblick auf den anderen von negativen Befindlichkeiten befreit. Auf diese Weise kann der Mann erleben, wie seine Liebste binnen Minuten viele Jahre jünger wirkt, wie ihre Haut rosig wird, ihr Atem tief geht und sie sich mehr und mehr entspannt, zu lächeln beginnt und vielleicht etwas wie: „Ah, das ist göttlich!", sagt. – Und das nur, weil sein Freudenspender beim Stillen Lieben ihre Yoni ausfüllt und in ihr bleibt.

Die Frau mag erleben, wie ihr Mann in seine Kraft kommt, sich auflädt, leuchtet wie ein jugendlicher Held, unglaubliche innere Schönheit und Liebesfähigkeit ausstrahlt, sobald er sein Schwert in ihrer Scheide versenkt hat. Die Juwelengrotte der Frau ist eine wunderbare Heil-grotte, in der der Mann gesundet.

Viele Männer denken, der Penis sei ein Organ, das ausschließlich dazu da ist, zu stoßen. Doch der Lingam kann weit mehr: Er ist ein „Rundum-Fühlorgan". Zwischen Yoni und Lingam fließen elektromag-netische Ströme, die wir fühlen können, während der Lingam in der Yoni ruht.

Das Zusammenspiel der Körper ist wie ein Tanz. Der eine Körper gibt eine Bewegung vor, bewegt sich langsam oder schnell, anschmieg-sam oder wild ... und wir selbst stimmen uns auf den Körpertanz des anderen Körpers ein, auf seine stoßenden, ziehenden, schraubenden, heftigen oder ruhigen Bewegungen. Wir antworten auf diese Bewegun-gen mit den Bewegungen und Gesten unseres Körpers. Nicht mehr die eigene Befriedigung steht im Vordergrund, sondern – wie beim Paartanz – die gemeinsame Energie, die beim Liebestanz kreiert wird. Beim Stillen Liebemachen sind es allerdings kleinste Bewegungen.

Tipps

Stilles Liebemachen ist nichts anderes, als sich miteinander entspannen. Kein Orgasmuszwang, keine notwendige Erregung – ihr teilt einfach euer körperliches Zusammensein und beobachtet, was dabei in euren Körpern geschieht. Währenddessen darüber zu sprechen, was ihr gerade erlebt, kann das Gefühl der Verbundenheit vertiefen. Barry Long emp-fiehlt beiden Partnern, in der Liebesbegegnung ständig die eigene Befindlichkeit mitzuteilen, um nicht abzudriften.

Für viele Frauen ist es angenehm, wenn der Mann beim Stillen Liebe-machen statt der gewöhnlichen, stoßenden einmal eher ziehende sanfte Bewegungen macht. Sie haben dabei das Gefühl, dass der Lingam des Mannes auf diese Weise innere Spannungen aus ihrem Körper herauszieht.

Umarme ihn,

wenn eine Glut dich vorwärtsdrängt, ihn zu begrüßen.

Dann leg ihm deinen Mut zu Füßen.

Und mache kein Geschäft.

– Sei gut.

... Ich bin auch mehrmals so in Glut

gewesen und hielt mich still. Hab mich gescheut

und hab Versäumtes hinterher bereut.

Joachim Ringelnatz

Born to be wild

Auch die kraftvolle Form der Sexualität ist eine wundervolle Art, sich miteinander in Ekstase zu verlieren. Ein Baum hat zarte Blüten und *kräftige* Wurzeln. Stilles Lieben und kraftvolle Sexualität können auch abwechselnd praktiziert werden. Es ist allerdings immer vom Temperament der beiden Liebenden abhängig, wie wild oder wie ruhig die Sexualität ist. Tief zu empfinden ist bei beiden Formen möglich und manchmal sind die Übergänge auch fließend.

Die Bedeutung der körperlichen Vitalität darf bei der erfüllenden Sexualität nicht unterschätzt werden. Es ist vorteilhaft, wenn wir unseren physischen Körper lieben, ihn pflegen und vital erhalten – durch Sport, Fitnesstraining, Body Pump, Beckenbodentraining etc. Wer glaubt, dass er Sexualität allein durch geistige Vorgänge steuern kann, verpasst die Schönheit der Erfahrung, wie es ist, wenn ein liebender Geist sich einem kraftvollen Körper hingibt. Kraftvolle Sexualität kann sehr kraftvolle elektromagnetische Felder erzeugen.

Du solltest in diese Wildheit jedoch nicht unvorbereitet hineingehen, sondern darauf achten, dass ihr beide euch vorher langsam aufwärmt. Vielleicht magst du ganz sanft beginnen und dann erleben, wie das Feuer im Unterleib immer stärker wird und zu immer stärkeren Bewegungen auffordert. Es geht nicht darum, etwas zu forcieren, sondern den Prozess, der durch die Körper geschieht, bewusst zu begleiten, ohne etwas zu unterdrücken oder voranzutreiben.

Tipp

Es gibt nur wenige DVDs, auf denen wilder Sex gezeigt wird, der für Männer und für Frauen gleichermaßen anregend ist. Eine solche Ausnahme stellt der Film *Sex for Lovers: Take me hard* (KSM, 2010) dar.

Übung

Stell dir die folgende Frage: „Wenn ich ein Tier wäre, welches Tier wäre ich dann?" Wenn du magst, lass deine nächste Begegnung mit deinem Geliebten die dieses Tieres sein. Fauche, wenn du ein Tiger bist, brülle, wenn du ein Löwe bist ... während dein Partner sich gleichzeitig als sein Tier zeigt. Erlaubt eurem „inneren Tier", sich ganz und gar durch euch auszudrücken.

Kali-Meditation

Diese Meditation nach Rhea Powers und Gawain Bantle ist eine außergewöhnliche dynamische Meditation in vier Phasen. Sie hilft dir wie vielleicht nur wenige andere Meditationen, mit deiner Leidenschaft in Kontakt zu kommen und Spannungen abzubauen:

Atemphase: Tiefes, bewusstes und beschleunigtes Atmen tankt deinen Körper mit Sauerstoff auf und regt das Nervensystem an. Auf diese Weise kommst du in Kontakt mit unbewussten, verdrängten Energien und inneren Anspannungen, die den Körper unterschwellig belasten und außerdem leider auch die Wahrnehmung für positive Gefühle wie Liebe, Freude und Mitgefühl beeinträchtigen. Achte darauf, dass du dreimal so lange aus- wie einatmest.

Katharsis: Drücke deine Gefühle und inneren Spannungen in Worten, durch deine Stimme und in Bewegungen aus. Es gilt, deinen Kopf in einem geschützten Raum frei zu machen und den Körper von altem Ballast, von allem, was du sonst unterdrückst, und alten Programmierungen zu reinigen.

Body Flow: Stehe wie ein Schilfrohr im Wind. Du bist verwurzelt in der Erde und gibst dich der Sonne, dem Regen, der Luft und dem Licht hin. Sei still, lass dich vom Wind wiegen ... und öffne dich für Neues.

Stille: Sitze oder liege und bleibe mit der Aufmerksamkeit präsent für das, was ist: Gedanken, Gefühle, Atem. Das ist die eigentliche Meditationsphase.

Gerade die erlaubten Unterschiedlichkeiten schaffen das konstruktive Spannungsfeld, das eine Beziehung dynamisch und den anderen begehrenswert sein lässt.

Die Masken fallen lassen

In jedem Augenblick des Lebens stellt sich uns die Frage, ob wir leben oder sterben wollen. Wir können nicht ein bisschen schwanger sein, ein bisschen geboren werden, ein bisschen leben, ein bisschen sterben. Erfüllte Sexualität erlebt dort ihre Blüte, wo wir uns total, ganz und gar einbringen.

Wenn eine Frau ein Kind gebiert, wird ihr ganzes Wesen gefordert. Ebenso ist es beim Sterben: Nur wenn der Mensch sich selbst total loslassen kann, hat er ein leichtes Sterben. Meister Eckhart sagt: „Wer nicht stirbt, bevor er stirbt, der verdirbt, wenn er stirbt!" Viele Menschen leben ihr Leben nicht total und können es deshalb auch nicht total loslassen, wenn sie sterben. Wir fragen uns, ob es ein Leben nach dem Tod gibt, aber niemand stellt die Frage, ob es ein Leben *vor* dem Tod gibt. Wenn wir Sexualität total leben, ist es wie beim Sterben: Wir geben uns hinein mit allem, was gerade ist, mit jeder Faser unseres Wesens. Nicht umsonst nennt man den Orgasmus im Französischen auch *Le petit mort*, „der kleine Tod". Viele Frauen, die sich darüber beklagen, dass sie noch nie einen Orgasmus gehabt haben, haben Angst loszulassen, fürchten sich davor, total zu sein, im Liebesakt das kleine Ich für einen Augenblick sterben zu lassen.

Erfüllten Sex erlebst du, wenn du bereit bist, dich mit voller Bewusstheit in den Liebesakt hineinzugeben und nichts zurückzuhalten, uns oder unserem Geliebten nichts vorzuenthalten. Indem du dich selbst, deinen sexuellen Selbst-Ausdruck und deinen Liebsten in diesem Augenblick annimmst, nimmst du das Leben und auch das Sterben – einfach alles – ohne Wenn und Aber total an! Deshalb ist die Liebe so heilsam – für den anderen *und* für uns.

Um total zu sein, musst du bereit sein, deinen Schatten und dein „verborgenes sexuelles Ich" sowie den Schatten und das „verborgene sexuelle Ich" deines Partners anzunehmen. Es gibt nichts Unangenehmeres für einen Menschen, als wenn er bereit ist, sich offen und verletzlich zu zeigen, seine Maske abzulegen, und dann von der Bettkante gestoßen wird, weil der andere nicht erträgt, was er sieht. Hilfreich ist, gemeinsam das Kapitel „Vorbehalte aussprechen und loslassen" (Seite 88 ff.) zu studieren.

Es ist äußerst wichtig, dass wir unsere Wertungen und unsere Vorstellungen darüber loslassen, wie der andere und man selbst zu sein hat, damit ein Raum des Vertrauens entstehen kann, in dem man seine Masken ablegen mag. Erfüllte Sexualität erleben wir nur, wenn wir den anderen bedingungslos annehmen, wie er ist. In der erfüllten Sexualität haben Wertungen keinen Platz, man sagt nicht: „Deine Brüste sind zu groß/zu klein", „Du bist zu dick/zu dünn" oder Ähnliches, nicht einmal das Verhalten oder die sexuellen Vorlieben werden kritisiert. Der andere ist, wie er ist.

Während des Liebesakts kann es vorkommen, dass das Gesicht des geliebten Menschen nicht immer aussieht wie das eines Engels, sondern auch wie das einer Hexe oder eines Dämons. Solche Erscheinungen kommen und gehen und sollten uns nicht weiter beschäftigen. Erfüllte Sexualität bedeutet, dass *alles* sein darf – auch der Dämon in dir. Und er darf sich dem anderen zeigen. Wenn du als Frau beispielsweise ein Urteil über deinen Liebhaber hast, weil er manchmal wild ist, dann kann er seinen inneren „Tiger" nicht ausleben und dich mit seinem Zauberstab nicht total beglücken. Und wenn du als Mann deine Frau für etwas verurteilst, verhinderst du damit, dass sie ihre Lotusblüte für dich ganz und gar öffnen kann. Sie kann nicht deine Liebesgöttin sein, wenn du sie glauben lässt, dass es etwas gibt, das sie vor dir verbergen muss, weil es nicht liebenswert ist. Du öffnest den Raum für erfüllte Sexualität, indem du dem anderen ein großes Geschenk machst und ihm signalisierst: „Hier bei mir darfst du sein, wie du bist. Du musst dich und deine Sexualität nicht zurückhalten! Du erschreckst mich nicht! Unser Raum ist geschützt. Ich werde das, was du mir im Liebesakt vor mir zeigst, nie gegen dich verwenden. Es bleibt unser Geheimnis. Komm bitte und komm bitte total."

Erfüllte Sexualität lädt uns ein, uns seelisch nackt zu zeigen und unschuldig zu sein. Sie ist die Pforte zum Reich jenseits der Zeit, dem „Paradies", und zugleich erdet kaum etwas so gut wie erfüllte Sexualität.

Übung: Ein Krafttiertanz[21]

Lege Musik mit Trommeln, Rasseln oder schamanischen Gesängen auf. Beginne im Rhythmus der Musik zu tanzen. Nutze dabei den ganzen Raum, der euch zur Verfügung steht. Frage dich: „Bin ich ein Säugetier, ein Vogel, ein Fisch, ein Reptil oder ein Fabelwesen?", und warte, bis du spürst, dass eine entsprechende Energie in deinem Energiefeld auftaucht. Sobald das der Fall ist, bewegst du dich mehr und mehr so, als wärst du dieses Tier. Mache entsprechende Geräusche. ... Erlaube, dass sich das Tier, das sich dir gezeigt hat, ganz und gar durch dich ausdrückt. ... Ganz gleich, wie wild sich das Krafttier gebärden mag: Du brauchst keine Angst zu haben. Dein Krafttier will nur spürbar machen, welche Lebenskraft in dir steckt.

In manchen tantrischen Disziplinen ist es üblich, dass Mann und Frau vor dem Liebesakt einen Krafttiertanz machen und gemeinsam die so aktivierten Krafttiere einladen, am Liebesakt teilzuhaben. Probiert euren Krafttiertanz doch auch einmal gemeinsam aus.

Und wenn Du erscheinst,

rauschen alle Flüsse in meinem Körper auf,

rütteln die Glocken am Himmel

und ein Hymnus erfüllt die Welt.

Pablo Neruda

Dein sexueller Punkt

Erst einmal gilt es, innezuhalten und sich bewusst zu machen, dass jeder von uns einen „sexuellen Punkt" besitzt. Damit ist nicht der sogenannte G-Punkt gemeint, auch nicht das Hara-Zentrum, sondern ein seelischer Punkt, unsere ganz persönliche Quelle des Eros und der Sexualität. Es ist der Punkt, an dem jeder von uns in seiner sexuellen Kraft ist. Sobald ein Mensch aus seinem sexuellen Punkt heraus zu schwingen beginnt, verjüngt er sich. Ihm stehen enorme vitalisierende Kräfte zur Verfügung, denn sexuelle Energie wirkt regenerierend. Bei einer Frau setzte sogar, nachdem sie in einer Visualisierung an ihren sexuellen Punkt geführt worden war, die Periode wieder ein.

Erfüllte Sexualität zu erleben bedeutet, dass wir mit diesem „sexuellen Punkt" in Berührung kommen. Gemeint ist nicht, dass wir unsere Klitoris oder unseren Penis tatsächlich berühren, vielmehr ist eine *innere* Berührung gemeint. Wenn wir es versäumen, einander vor der sexuellen Vereinigung seelisch zu berühren, verpassen wir das Wesentliche. Wenn ein Paar zusammenlebt und einander immer wieder am sexuellen Punkt „berührt", kann dieser ununterbrochen auf „Stand-by" schwingen. Beim

110

Liebesakt sollte dieser „sexuelle Punkt" deshalb immer wieder liebevoll berührt werden, weil er es ist, der Erfüllung schenkt.

Jeder Mensch kann Kontakt zu seinem sexuellen Punkt aufnehmen, auch wenn dieser durch Konditionierungen, Dogmen und Normen geschwächt sein mag. Dir deines eigenen sexuellen Punktes bewusst zu sein gibt dir ein Gefühl von Identität, von Richtigsein, von Willkommensein in der Welt.

Wenn du deinen sexuellen Punkt kennst, findest du leichter Zugang zum sexuellen Punkt deines Liebsten ... es sei denn, der Weg ist durch Traumata versperrt oder dein Liebster verwehrt ihn dir. Urteile über deinen Partner blockieren den Zugang zu seinem sexuellen Punkt ebenfalls. Doch wenn ihr beide – du und dein Geliebter – den „sexuellen Punkt" des anderen kennt, wird eure körperliche Liebe unglaublich erfüllend sein.

Visualisierung: Deinen sexuellen Punkt finden

Die nachfolgende Visualisierung ermöglicht dir einen Zugang zu deinem sexuellen Punkt (und zu dem des Partners). Wenn du deinen sexuellen Punkt einmal erfahren hast und aus ihm heraus lebst, werden sich dein Leben und dein Lieben deutlich positiv verändern. Du kannst diese Übung allein oder mit deinem Liebsten gemeinsam und du kannst die einzelnen Übungsschritte nacheinander oder auch einzeln machen. Am besten nimmst du den Text mit deinem MP3-Aufnahmegerät auf, so kannst du dich immer wieder auf die folgende Reise begeben.

Zur Vorbereitung der nachfolgenden Reise lege dir einige Gegenstände zurecht, die dich im Hören, Riechen, Schmecken, Fühlen unterstützen – vielleicht eine Klangschale, einen Tempelgong, ein Aromamassageöl, etwas Honig, eine Feder ...

Einführung

Heute möchte ich dich mitnehmen auf eine Reise. Lass uns gemeinsam deinen sexuellen Punkt erkunden. So wie jeder Mensch einen Penis oder auch eine Vagina hat, hat er auch einen sexuellen Punkt. Um deinen sexuellen Punkt zu wissen bedeutet, dass du in Frieden kommst mit dir, mit der Welt und mit Gott, mit dem Leben und dem Tod, dem Geborenwerden und dem Sterben. Mache es dir zuerst einmal ganz bequem. Begib dich in die Position, die sich für dich gut anfühlt. Du sitzt aufrecht auf einem Stuhl oder auf einem Meditationskissen, die Hände liegen nebeneinander in deinem Schoß, die Handflächen sind nach oben geöffnet, wie eine Schale, die bereit ist, etwas zu empfangen.

Das innere Fühlen

Streiche sanft über deine Haut – wenn du magst mit einer Feder – und nimm wahr, wie sich das auf deiner Haut anfühlt. Und nun gehst du mit deiner Aufmerksamkeit in deine Hände hinein. Nimm wahr, wie deine Hände sich anfühlen. Fühlen sie sich gleich an oder gibt es Unterschiede? Lass deine Aufmerksamkeit zuerst einmal in deine rechte Hand hineinwandern, spüre in jeden einzelnen Finger hinein. ... Kannst du jeden Finger wahrnehmen? Die Finger fühlen sich unterschiedlich an, nicht wahr? Jeder Finger fühlt sich ein wenig anders an als sein Nachbarfinger. ... Und nun: Vergleiche einmal den kleinen Finger der rechten Hand mit dem kleinen Finger der linken Hand. Spüre, wie unterschiedlich sich die gleichen Finger der beiden Hände anfühlen. ... Spüre die kleinen Empfindungen auf der Haut deiner Hände. Vielleicht ist da ein Prickeln oder ein zartes Stechen wie von Nadeln. Vielleicht fühlst du auch, wie die Luft über die Haut deiner Hände streicht. ... Und nun geh mit deiner Aufmerksamkeit unter die Haut in deine Finger hinein. Wie fühlt sich das Gewebe der einzelnen Finger an? Möglicherweise nimmst du vibrierende Energie wahr, insbesondere an den Fingerspitzen. Wenn ja: Ist sie an allen Fingern gleich stark? Erfühle deine Hände von innen her.

Gehe nun mit deiner Aufmerksamkeit in deine linke Hand und spüre auch hier jeden einzelnen Finger und in jeden einzelnen Finger hinein. Wie fühlen sie sich an?

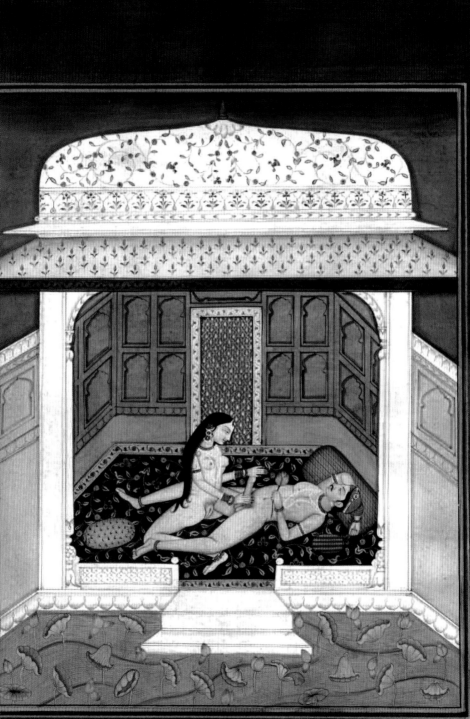

Den Atem wahrnehmen

Und nun nimm deinen Atem wahr. Forciere deinen Atem nicht und unterdrücke ihn nicht, beobachte ihn einfach. Lass deinen Atem geschehen. Erlebe, wie der Atem wie Meereswogen in dich hinein- und wieder aus dir herausströmt. Übergib dich deinem Atem ganz. Lass dich atmen. ... Da gibt es nichts, was du jetzt tun müsstest. Du bist einfach Zeuge. ... Spüre den Atem in deiner Nase. Spüre, wie die Luft in deiner Nase beim Einatmen ein wenig kühler ist als beim Ausatmen. ... Und nun nimm den Umkehrpunkt wahr, den Augenblick zwischen deinem Ein- und deinem Ausatemstrom. ... Kannst du die Lücke zwischen Ein- und Ausatmen spüren?

Diese Lücke finden wir überall: Es ist auch die Lücke zwischen zwei Atemzügen, die Lücke zwischen Diesseits und Jenseits, die Lücke zwischen Leben und Tod. ... Doch du als Mensch bist in der Lage, diese Lücke zu überbrücken. Und indem du beide Welten verbindest, heilst du dich selbst und deine Welt.

Gib dich deinem Atem hin ... wie dem ewigen Leben. Und nun spüre, wie der Atem durch deine Finger ein- und ausströmt. ... Spüre, wie der Einatemstrom deine Fingerspitzen erreicht, dort umkehrt und den gleichen Weg, den er gekommen ist, wieder zurück nimmt. ... Erlebe die Schönheit, die es bedeutet, deinen Atem in den Fingerspitzen zu fühlen. Spüre, wie das Blut in deinen Fingern pulsiert. Nimm deinen Puls und den Augenblick zwischen dem Ein- und dem Ausatmen in deinen Fingerspitzen wahr. ... In dem Augenblick, wo du diese Lücke fühlst, bist du nicht mehr der Tropfen, du bist der ganze Ozean.

Den äußeren Klang nach innen lenken

Lass uns nun deine inneren Klänge aktivieren. Wie jeder Mensch äußere Ohren hat, so hat er auch ein inneres Ohr, manche sprechen hier von einem „Dritten Ohr". Du kannst dein Hören jederzeit nach innen wenden und dabei das Wunder der inneren Klänge erfahren. Als Vehikel nimmst du einfach den äußeren Klang. Das kann das Ticken einer Uhr sein oder ein Geräusch auf der Straße. ... Am besten eignet sich eine

Klangschale. Schlage deine Klangschale außen an oder „rühre" in ihr. Solltest du keine Klangschale haben, genügt es, dir den Klang einer Klangschale zu vergegenwärtigen. Und nun ... trinke den Klang wie ein kostbares Getränk. Trinke den Klang der Klangschale mit deinen Ohren. Nimm ihn ganz in dich auf. ... Erlaube, dass dieser Klang dich innen ganz erfüllt. ... Und dann spüre den Punkt, an dem der äußere Klang zur Stille wird. Nimm den Ort in dir wahr, an dem der Klang verschwindet. ... Es ist ein innerer Ort, an dem Klang in Stille übergeht.

Hast du diesen Ort einmal gefunden, wird es dir auch im Alltag gelingen, „umzuschalten" ... und *jedes* äußere Geräusch gibt dir dann die Möglichkeit, zum inneren Ort der Stille zu gelangen. Denn: Es gibt einen inneren Ort, an dem du das Ticken der Uhr, den Straßenlärm und all diese Geräusche nicht mehr hörst. Er liegt in der Nähe der Hypophyse, wo alle Sinneskanäle zusammenlaufen. ... Finde diesen Ort in deinem Körper, spüre der Wurzel deiner Klangwahrnehmung nach und halte dein Bewusstsein an diesem Ort.

Der innere Klang

Es gibt eine kleine Lücke zwischen den äußeren und den inneren Klängen, so wie du es bereits beim Atmen erfahren hast. Diese Lücke überbrückst du durch Hingabe, durch Loslassen, im inneren Gebet.

Unterstütze deine weitere Reise durch Summen, Tönen oder durch einen Tempelgong. Du kannst einen Tempelgong hinter deinen Kopf halten und ihn sachte anschlagen. Lausche dem Klang des Tempelgongs, nimm seine Vibrationen wahr. ... Erlaube, dass der Klang in dir eine Klangtüre zu einem Klangraum öffnet. Wenn du keinen Tempelgong zu Hause hast, stell dir den Klang des Tempelgongs hinter deinem Kopf vor oder übe dich im Summen, gehe ganz in dem Klang des Gongs oder des Summens auf. Höre nach hinten und richte deine Bewusstheit gleichzeitig auf deinen Hinterkopf (auf die *Medulla oblongata*). Was immer du erfährst, nimm es in tiefer Dankbarkeit an. ... Lausche weiter nach innen.

Vielleicht hörst du einen Klang, der an das Summen von Bienen erinnert – erlaube, dass er lauter wird. Vielleicht hörst du einen Klang, der einem Donnergrollen gleicht ... erlaube, dass er näher kommt. Möglicherweise hörst du auch Engelsgesänge, Jingle Bells oder was auch immer. ... Vertraue dich diesem Klang an, gib dich dem Klang hin. ... Am Anfang mag dir deine Vorstellungskraft ein wenig helfen. Später wird dir dieses Nach-innen-Lauschen zur Gewohnheit werden. ... Der Klang zieht dich nach oben, aus deinem Körper heraus. Je mehr der Klang dich nach oben zieht, umso deutlicher und lieblicher hörst du ihn.

Das innere Sehen

Das Dritte Auge ist ein inneres Auge, das es dir ermöglicht, in deine innere Welt hineinzusehen und äußere Illusionen zu durchschauen. Jeder hat ein „inneres Auge" und jeder kann seine Fähigkeiten nutzen. Das Geheimnis des Dritten Auges ist, dass es ein Fühlorgan ist, kein Denkorgan. Wir wollen nun deine innere Sicht öffnen.

Richte den Blick mit geschlossenen Augen auf den Raum vor dir. Blicke entspannt nach vorn und nimm die Dunkelheit vor dir wahr. Gedanken, Bilder dürfen auftauchen ... und du bist da, du bist der Zeuge. Du beobachtest die Bilder und die Gedanken, die kommen und gehen ... an dir vorüberziehen wie Wolken am blauen Himmel.

Spüre deine innere Stille. Dein Bewusstsein konzentriert sich darauf, die Stille zu spüren. ... Und da ist kein Denken, sondern reines Wahrnehmen. Das ist das Schöne am Fühlen. Es gibt nichts zu tun ... nichts, was du vorantreiben, nichts, das du unterdrücken müsstest. Fühle einfach. Gedanken und Bilder ziehen an dir vorüber. ... Es gibt keine guten und keine schlechten Gedanken, keine wichtigen und keine unwichtigen ... lass einfach los. *Alle* Gedanken sind völlig gleich-gültig. ... Und du bist einfach ein Beobachter dessen, *was ist*.

Allein indem du Zeuge bist, indem du einfach beobachtest, ohne zu werten, ohne an etwas festzuhalten, werden die Gedanken verschwinden ... und dein Fühlen mit dem Dritten Auge wird intensiver werden. Vielleicht hast du das Gefühl, als ob die tanzenden

Energien wie Mücken vor deinem inneren Auge herumschwirren. ...
Doch du ruhst in dir.

Du bist bereit, zu fühlen, was du fühlst, und auf diese Weise entwirren sich die Gedanken von selbst und ihre Intensität lässt nach, es kehrt Stille ein in dein Fühlen ... Leere. Du ertastet in dir einen „inneren Raum", der auch *no mind* genannt wird. Tiefer Frieden erfüllt dich. Und dann ist da wieder diese Lücke. ... Jenseits der Leere, da ist Fülle. Jenseits der Leere, da ist Licht.

Wieder ist es die Sehnsucht, das innere Rufen, das dich hineinführt in dieses Land, in dem Milch und Honig fließen. Die Türen zum Göttlichen gehen nach *innen auf*, darum werde empfänglich, demütig, denn nur das demütige Herz ist in der Lage, das Göttliche zu empfangen, es zu trinken. ... Wenn du die Göttlichkeit trinkst, ist es wichtig, dass du durchlässig wirst, weich bist. Es ist die tiefe Verbindung zwischen dem Herzen und dem „inneren Schauen", das die Türe zu den Lichtwelten öffnet.

Das innere Riechen

Rieche an einer Aromaessenz und genieße ihren Duft. Wenn du kein Aromaöl zur Hand hast, stell dir vor, wie du an einem bestimmten Öl riechst, das du sehr magst. ... Folge dem Weg, den der Geruch nach innen nimmt ... bis zu dem Punkt, an dem sich Geruch und Geruchlosigkeit verlieren. ... Dieser Punkt liegt etwas über der Nasenwurzel. An diesem Punkt halte inne. Spüre den Augenblick des Nichts, der zwischen äußerem und innerem Riechen liegt, und gehe über ihn hinaus.

Sei geduldig. Lass diese Lücke zu. Rieche genau in diesen inneren Punkt hinein. Deine Vorstellungskraft kann dir auch hier helfen. Frage dich: „Wenn ich hier etwas riechen könnte, was würde ich riechen?"; „Wie würde es sich anfühlen, wenn ich aus den inneren Welten einen Geruch erhielte?"

Bitte um einen „inneren Geruch". Halte inne. ... Und warte. Stell dir vor, dass deine innere Welt dir einen Geruch schickt. Öffne dich, um ihn zu empfangen. Frage dich, wenn nötig: „Wenn ich einen

‚inneren Geruch' wahrnehmen könnte, welcher Art von Geruch wäre das? Jasmin, Rose, Weihrauch?"

Das innere Schmecken

Nimm einen Löffel guten Honig in den Mund und kaue ihn langsam, bis er sich komplett mit deinem Speichel vermischt hat. Wenn du keinen Honig zur Hand hast, stell dir vor, du würdest den köstlichsten Honig, den es gibt, schmecken. ... Lass deine Zunge nun ganz behutsam durch deine Mundhöhle kreisen, fahre über das Zahnfleisch, die Zähne, nimm die Zahnzwischenräume wahr und spüre die Oberfläche der Schleimhaut und der Zähne ... nimm wahr, was du schmeckst. Streiche langsam, Millimeter für Millimeter, mit der Zunge durch deinen Mund, als sei deine Mundhöhle eine unbekannte Landschaft. ...

Folge nun dem Verlauf, den der Geschmack des Honigs durch deine Zunge nimmt. Spüre, wie die Geschmacksempfindung die Zunge entlang in Richtung Gaumen wandert und von dort ihren Weg ins Geschmackszentrum im Gehirn findet.

Öffne dich jetzt dafür, innerlich zu schmecken. ... Viele Menschen können innerlich den Geschmack von *Vhibutti* (heiliger Asche) oder den Geschmack von Rosen wahrnehmen. ... Wenn du nichts schmeckst, stell dir einfach vor, wie es ist, *Vhibutti*, Honig oder Rosen innerlich zu schmecken. ... Wie ist es, wenn dieser Geschmack nicht von außen, sondern von innen kommt und über den inneren Kanal zu dir findet. ... Der innere Geschmack kommt aus dem Geschmackszentrum ... oft hat man beim inneren Schmecken das Gefühl, als ob Honig aus dem hinteren Rachenraum in den Gaumen tropfen würde.

Deinen sexuellen Punkt finden

Nun wirst du dich auf die Suche nach *deinem* sexuellen Punkt machen, der irgendwo in der Region „da unten" liegt.

Erlaube deinem Atem, tiefer zu gehen. Erlaube deinem Atem, deinen sexuellen Punkt zu erreichen, in ihn hineinzugehen. Wenn du nicht weißt, wo dein sexueller Punkt liegt, frage dich: „Wenn ich einen sexuellen Punkt hätte, wo würde er dann liegen?" Du erkennst deinen sexuellen Punkt daran, dass du innerlich zu vibrieren beginnst, wenn er von deinem Atem berührt wird. Erlaube deinem Atem, deinen sexuellen Punkt zu finden, ihn zu berühren.

Fühle, wie der Atem durch deinen sexuellen Punkt ein- und ausströmt. Erfühle auch den „Umkehrpunkt", den Augenblick, an dem der Atem in deinem sexuellen Punkt seine Richtung ändert ... er liegt zwischen deinem Ein- und deinem Ausatmen.

Und nun erlaube, dass eine Verbindung entsteht zwischen deinem Scheitelzentrum und deinem sexuellen Punkt. Dein Atem strömt beim Einatmen zu deinem sexuellen Punkt und beim Ausatmen strömt er zum Scheitelpunkt ... beim Einatmen wieder zurück zu deinem sexuellen Punkt ... und so weiter.

Dem sexuellen Punkt lauschen

Wenn dein sexueller Punkt einen Klang hätte, wie würde er klingen? Vielleicht wie das Summen von Bienen? Nutze deine Fantasie, stell dir vor, du könntest den Klang deines sexuellen Punktes hören. Lausche dem, was er dir zu sagen hat. ... Wenn dein sexueller Punkt sprechen könnte, was würde er mitteilen wollen? „Ich bin so allein"; „Ich bin frustriert"; „Ich fühle mich hier nicht willkommen"; „Ich bin eingezwängt"? ... Lausche dem, was dein sexueller Punkt dir zu sagen hat, voller Hingabe. Kümmere dich um ihn. Spreche mit ihm in Gedanken. Frage ihn: „Wenn du heil wärest, wie würdest du dann klingen, wie würdest du dann tönen?"

Dein sexueller Punkt könnte antworten: „Ich wäre wie ein zartes Vibrieren, das sich ausdehnt" oder „Ich würde vor Freude auf und ab springen und mein Geräusch wäre das einer Trommel".

Lausche nach innen, wie du es bereits gelernt hast. Was immer dein sexueller Punkt dir antwortet, nimm es an. Und dann stell dir vor, dass er sich genau so anhört, wie er sich anhören würde, wenn er heil wäre ... und dass er auf diese Weise gesundet. Höre dieses Tönen mit deinem inneren Ohr, lass es zu.

Ein Symbol für deinen sexuellen Punkt finden

Wenn du deinen sexuellen Punkt sehen könntest, welche Gestalt hätte er? Wie genau würde er aussehen? ... Lass ein Bild in dir aufsteigen. Und wenn dir dieses Bild nicht gefällt, frage deinen sexuellen Punkt: „Wie würdest du aussehen, wenn du heil wärest?" Vielleicht zeigt sich dir das Bild einer Flamme, die von deinem Unterbauch emporsteigt und harmonisch ihr Licht verbreitet. ... Solltest du eine Flamme sehen, lass deinen sexuellen Punkt als Flamme emporsteigen, stell dir vor, wie sie dich erfüllt.

Deinen sexuellen Punkt riechen

Frage nun deinen sexuellen Punkt, welchen Duft er hat. Wenn dir sein Geruch nicht gefällt, frage ihn: „Wenn du heil wärst, wie würdest du dann riechen?" ... Vielleicht antwortet dein sexueller Punkt: „Nach Patchuli" oder „Nach Sandelholz". Stell dir nun vor, wie der entsprechende Duft deinen sexuellen Punkt erfüllt.

Wenn du magst, kannst du den entsprechenden Bereich deines Körpers später von außen mit einer entsprechenden Duftessenz einreiben.

Deinen sexuellen Punkt schmecken

Frage deinen sexuellen Punkt nun, wie er schmecken würde, wenn du mit deiner Zunge an ihm lecken würdest. Wenn dir sein Geschmack nicht gefällt, frage ihn, wie er schmecken würde, wenn er heil wäre. Warte, halte inne, lausche der Antwort. ... Vielleicht antwortet er dir: „Wie eine frische Feige", „Nach Waldmeister" oder „Nach frischen Pilzen". ... Was immer die Antwort ist, nimm sie an und stell dir vor, wie der entsprechende Geschmack deinen sexuellen Punkt erfüllt.

Wahrnehmen, wie dein sexueller Punkt reagiert

Frage deinen sexuellen Punkt: „Was entflammt dich, was lässt dich vibrieren?" ... Lass dir mindestens drei verschiedene Antworten geben und schreibe sie auf. ... Bewerte nicht, was dir dein sexueller Punkt mitteilt, nimm einfach wahr, was er dir sagt. ... Du wirst überrascht sein über das, was dein sexueller Punkt dir antwortet.

Bitte deinen sexuellen Punkt jetzt: „Lass mich dein Entflammtsein spüren", und erlaube ihm, dir ein Körpersignal zu geben, wie es sich anfühlt, wenn er entflammt ist. ... Fühle, wie es sich anfühlt. Vielleicht ist da ein starkes Vibrieren, ein Klopfen ... Dieses Entflammtsein ist *deines*. Du kannst das Entflammtsein ebenso an- und ausschalten wie du deine Augen öffnest und schließt.

Deine inneren Bilder und deine Erinnerungen helfen dir, zu entdecken, wie sich Entflammtsein aktivieren lässt. ... Machen wir gleich die Probe aufs Exempel: Bitte deinen sexuellen Punkt, dir ein starkes Gefühl von Entflammtsein zu geben. ... (Und wenn es nicht gleich klappt, nimm für die ersten Male des Übens ruhig die Bilder und Situationen, die dich entflammen, zu Hilfe!). Wunderbar. Und nun bitte deinen sexuellen Punkt, wieder in sich zu ruhen und sich zu verschließen. ... Gut. Du siehst also, es klappt.

Die sexuelle Kompatibilität prüfen

Atme so lange in deinen sexuellen Punkt hinein, bis du das Ein- und Ausatmen an deinem sexuellen Punkt spürst. Dann stell dir einen potenziellen Sexualpartner vor. Lass seinen sexuellen Punkt vor deinem inneren Auge erscheinen. Denke: „Ich rufe jetzt ... [Namen der Person]!" Spüre den sexuellen Punkt des anderen und deinen eigenen sexuellen Punkt. ... Nimm wahr, was geschieht. Erlebst du ein „Entflammen" oder schweigt dein sexueller Punkt? Wenn du magst, „scanne" auf diese Weise alle möglichen Sexualpartner und erkenne, wer für dich sexuell kompatibel wäre und wer nicht.

Nun kann es sein, dass der sexuelle Punkt deines potenziellen Partners oder dein sexueller Punkt noch zu sehr eingezwängt ist beziehungsweise dass Vorstellungen, Vorbehalte, Konditionierungen etc. das sexuelle Miteinandersein verhindern. Das kannst du leicht prüfen und folgendermaßen auflösen:

Atme wieder in deinen sexuellen Punkt hinein. Rufe den sexuellen Punkt deines Sexualpartners und spüre wieder in beide sexuellen Punkte – in den deines Partners und in deinen eigenen – gleichzeitig hinein. Frage eure sexuellen Punkte: „Wie wäre unsere Sexualität, wenn wir beide unser volles Potenzial leben könnten?" Spüre, wie die sexuellen Punkte nun reagieren. Kannst du ein Entflammtsein wahrnehmen? Du kannst an der Art, wie die beiden sexuellen Punkte reagieren, bereits spüren, wie der Sex mit diesem Partner sein wird und – unabhängig vom Entflammtsein – ob er dir guttun wird ... und das, bevor ihr euch überhaupt begegnet seid. Alles, was du dazu benötigst, ist die Gabe, „zu fühlen, ohne zu denken". Wenn du einen festen Partner hast, teile ihm mit, was du gefühlt hast. Wenn du keinen festen Partner hast, prüfe nun einige Sexualpartner und notiere, was du fühlst.

Die sexuelle Stimmigkeit prüfen

Du kannst einen möglichen sexuellen Partner auch mithilfe deines sexuellen Punktes auf „Stimmigkeit" prüfen.

Atme noch einmal in deinen sexuellen Punkt hinein und bitte ihn, dir, wenn der Sex mit der Person ... (Name) stimmig ist, ein Gefühl von „Entflammtsein" zu schicken, und sich ruhig zu verhalten, wenn das nicht der Fall sein sollte.

Die Suche nach der Ressource

Stell dir nun wieder deinen potenziellen Sexualpartner vor. Spüre in deinen sexuellen Punkt hinein. Frage dich: „Welche Ressource, welche Hilfe würde mich darin unterstützen, den Sex mit meinem potenziellen Sexualpartner vollendet zu erleben?" Vielleicht wäre das Leichtigkeit, Offenheit, Mut. ... Wenn du eine Inspiration erhalten hast, spüre nach, ob dein sexueller Punkt positiv auf sie reagiert: Vielleicht spürst du ein stärkeres Entflammtsein. Erinnere dich immer wieder an diese Ressource und aktiviere sie, etwa mit einer passenden Affirmation.

Die Reise der Shakti

Nun wollen wir Shiva und Shakti, Erde und Himmel, miteinander verbinden. Du atmest wieder langsam und tief in deinen sexuellen Punkt hinein, bis du ihn spürst. Dann atme durch den Scheitelpunkt in deinen sexuellen Punkt hinein. Spüre, wie dein Einatemstrom in deinem sexuellen Punkt zu deinem Ausatemstrom wird. ... Erlaube, dass der sexuelle Punkt sich von selbst erhebt und durch den mittleren Wirbelsäulenkanal langsam nach oben steigt. Der Atem kann dabei ruhiger werden oder auch tiefer, ganz wie er mag. Erlebe, wie der sexuelle Punkt jede Stelle, jedes Energiezentrum berührt und heilt, indem er aufsteigt.

Wenn der sexuelle Punkt in der Höhe deines Halses angekommen ist, halte inne. Bewege ihn liebevoll mit dem Atem im Hals auf und ab und erlaube, dass er auf diese Weise dein Halszentrum reinigt ... und dabei Kopf und Körper verbindet. ... Lass ihn deine Zunge berühren und spüre einen wundervollen Geschmack. ... Lass ihn nun noch ein wenig höher steigen, bis zu den Ohren, und höre einen lieblichen Klang. ... Lass ihn jetzt emporsteigen bis zu deiner Nasenwurzel und nimm einen angenehmen Duft wahr. ... Lass ihn sich ausdehnen bis zu den Augen und erlaube ihnen, in dem Klang zu baden. ... Lass ihn danach noch höher steigen bis zu deiner Hypophyse und lass ihn mit deinem Atem zwischen Hypophyse und Scheitel auf- und absteigen. ... Jetzt sinkt er mit jedem Ausatmen wieder ein Stück tiefer, bis er seinen ursprünglichen Platz erreicht hat. Spüre deine Präsenz im Scheitel und im sexuellen Punkt zugleich.

Ergebnis: Du empfindest dich selbst als die Quelle deiner Sinnesempfindungen und dabei gleichzeitig in Resonanz mit den anderen Menschen, mit der Welt, die dich umgibt, eins mit deinem sexuellen Punkt.

Der sexuelle Punkt deines Partners

Die wahre Kunst der Berührung liegt darin, den „sexuellen Punkt" im Geliebten zu finden. Es ist wie beim „Topfschlagen": Beide jubeln innerlich, wenn sie ihn gefunden haben. Es ist allerdings gar nicht so schwer, diesen – wie gesagt psychischen – Punkt zu finden.

Jeder Mann und jede Frau verfügen über diesen inneren „sexuellen Punkt", der zu schwingen beginnt, sobald er durch den geliebten Menschen stimuliert wird. Vielleicht kennst du das ja: Dein Liebster braucht dich nur anzuschauen und bei dir spielen die Hormone verrückt, oder du hörst die Stimme eines Menschen und dein Blut gerät in Wallung. Jemand streichelt dich zufällig und du explodierst vor Lust.

Um den „sexuellen Punkt" im anderen zu „treffen", musst du deinen eigenen sexuellen Punkt kennen und dich von ihm in deinen Berührungen leiten lassen, das heißt: Du musst ganz mit deiner eigenen Sexualität in Kontakt sein.

Übung: Den sexuellen Punkt des Partners berühren

Erinnere dich an die erotischsten Augenblicke deines Lebens. Und wenn du ganz in diese Erfahrungen versunken bist, spüre tief in dich hinein. Erkunde, wo die Wurzel dieser Erfahrungen liegt. In der Regel spürst du einen Punkt, von dem das Vibrieren ausgeht, bei vielen liegt er im unteren Bereich des Bauchs (oftmals um das Hara-Zentrum herum, das circa vier Zentimeter unterhalb des Bauchnabels liegt). Atme in diesen Punkt hinein, ehre diesen Punkt.

Das nächste Mal, wenn du deinem Liebsten begegnest, suche gedanklich den eigenen und dann seinen sexuellen Punkt. Nimm dir Zeit, den sexuellen Punkt deines Geliebten mit Muße kennenzulernen. Sei dabei neugierig. Indem du dich liebevoll und unaufdringlich zu deinem Geliebten hin tastest, wird sich der erotische Punkt des Geliebten offenbaren – so wie eine Muschel sich öffnet und ihre Perle freigibt.

Wahre Treue bedeutet,
den inneren Kanal für den Geliebten offen zu halten.
Der innere Kanal spendet eine Nahrung,
die uns mehr geben kann als alle äußeren Reize.

Men only: innerer und äußerer Orgasmus

Ekstatischer Sex mit Ejakulation kann ein wundervolles und Energie spendendes Erlebnis sein. Man(n) erlebt sich in seiner Kraft und genießt diese gewaltige Explosion. Sex ist wunderbar, so wie er ist, aber er kann noch weit mehr sein: ein Schlüssel zum Mysterium. Die Kunst der Sameneinbehaltung gibt uns einen solchen Schlüssel in die Hand. Durch sie kann sich, wenn man dazu bereit ist, ein besonderes Geheimnis offenbaren: In den Hoden jedes Mannes liegt eine Grundenergie, die in alten taoistischen Lehren *Ching* genannt wird. Dieses *Ching* ist normalerweise „kalt" und kann deshalb nicht den Körperzellen zur Verfügung stehen. Gewöhnlich wird das *Ching* bei der körperlichen Liebe über den Samen herausgeschleudert, was den Mann erschlaffen lässt und die Frau normalerweise in eine Übererregung bringt. Diese Energie kann jedoch auch als Lichtnahrung für die Zellen verwendet werden. – Wie aber funktioniert dies?

Im Liebesakt erhitzt sich das *Ching*. Wenn der Mann nun nicht vorschnell ejakuliert (in Deutschland dauert ein Liebesakt im Durchschnitt 3,5 Minuten!), sondern die Energie in sich bewahrt, beginnt der Körper des Mannes, so die taoistischen Lehren, zu lumineszieren: Der Mann gewinnt Energie im ganzen Körper, die er mit der Frau teilen kann.

Wie genau das funktioniert, das erläutern Mantak Chia und Douglas Abrams Arava in *Öfter, länger, besser. Sextipps für jeden Mann*. Wenn du beginnst, dich in dieser Kunst zu üben, wirst du bald merken: Dein Körper kennt das Geheimnis der Sameneinbehaltung und Energielenkung bereits und er weiß, was zu tun ist.

Ist der Mann höher entwickelt, erreicht er über den Liebesakt sein Licht-Selbst. Mann und Frau übersteigen das Körperbewusstsein beziehungsweise durchdringen es und das Mysterium der Seelenverschmelzung geschieht. Das Entzücken, wenn im Liebesakt die Seelen einander berühren, kennt keine Grenzen und ist mit einem gewöhnlichen Orgasmus, so schön dieser sein mag, nicht vergleichbar. Zugleich werden alle Drüsen beim Sex angeregt, im Idealfall durch Lichtenergie.

Wenn du den Orgasmus kommen fühlst, halte inne und spanne den PC-Muskel an. Der PC-Muskel (*Musculus pubococcygeus*) ist der Beckenbodenmuskel, mit dem du auch deinen Harnstrahl unterbrechen kannst. Entspanne dich, halte den Orgasmus in dir, stoße ihn weder durch die Genitalien noch auf andere Weise aus. Falls dein Körper sich schütteln, falls er vibrieren möchte, erlaube es ihm. Gib die Kontrolle auf, gib dich den Zuckungen und Energievibrationen hin und entspanne dich. Gelingt dir das, öffnen sich die Zellen und nähren sich von der Energie, die nun im Körper im Übermaß vorhanden ist.

Bei einer hohen Qualität der Liebe sind die Säfte, die den Drüsen entströmen, „süß" (sinnbildlich) und nähren den ganzen Körper. Der Körper vibriert, beide Körper sind hoch aufgeladen mit Energie. Mit jedem so gestalteten Liebesakt werden die Leitungen, die durch unser System gehen, weiter und kräftiger.

Du magst dich fragen, wie du es jetzt als Mann schaffst, den Samen einzubehalten und „innere Orgasmen" zu erfahren? Du musst zu Anfang des Liebesaktes entspannt sein. Zeitdruck, Bilder, der Wunsch, vorher erregt zu sein ... all das belastet die Erektion des Mannes.

Unserer Erfahrung nach hat das „Kopfkino" einen großen Anteil daran, dass wir Männer unseren Samen nicht zurückbehalten können. Je weniger wir beim Liebesakt vom „Kopfkino" beeinflusst werden, je mehr wir also im „Hier und Jetzt" sind und uns erlauben, zu fühlen, was wir gerade fühlen, umso weniger stark wird der Drang sein, uns zu entladen, und umso mehr wird der Wunsch, mit dem Feuer der gemeinsamen Erregung zu *sein* und zu spüren, *was ist*, im Vordergrund stehen.

Innere Entspannung, dieser Mut zu empfinden, *was ist*, erlaubt es dir, in deinen eigenen Körper hineinzufühlen. Mach dir keine Sorgen um den Lingam: Ist er erigiert, ist es gut, ist er es nicht, wird gekuschelt, geschmust. (Er-)leb, *was ist.* ... Alles darf sein. Wie bereits erwähnt, ist es außerdem wichtig, eventuelle Vorbehalte gegen den Partner vor der körperlichen Liebe zu klären und loszulassen, denn sie stehen der seelischen Intimität im Wege ... (Siehe Kapitel „Vorbehalte aussprechen und loslassen", Seite 88 ff.)

Prinzipiell kann jeder Mann – auch ohne tantrische Vorbildung – seiner Liebsten ein stundenlanges Liebesspiel schenken. Es gelingt leicht, wenn der Mann sich in den ersten zehn Minuten des Liebesaktes bewusst und langsam bewegt und seine Aufmerksamkeit in seinen Penis legt, seine Emotionen in Frieden hält. Nach etwa zehn Minuten lässt der Drang zum Ejakulieren automatisch nach und der Mann kann von da an stundenlang Sex haben. Sollte der Ejakulationsdrang doch einmal sehr stark sein, genügt ein Ringgriff um den Hodenansatz mit Zeigefinger und Daumen und ein Anspannen des bereits erwähnten PC-Muskels und eventuell noch des Anus, damit der Ejakulationsdrang nachlässt. Gegebenenfalls können auch noch zusätzlich die Augen nach oben gerollt werden und man kann die Zähne zusammenbeißen.

Die Energien lassen sich zu einem „inneren Orgasmus" umlenken. Unser Körper weiß, wie das geht, sodass wir es meist von selbst richtig machen.[21] Progressive Muskelentspannung und der *Big Draw*[22] sind hierbei ebenfalls hilfreich. Die Glückseligkeit, die Männer wie Frauen nach einem *Big Draw* beziehungsweise beim Aufsteigen der Ching-Energie durch den inneren Kanal erleben, ist unbeschreiblich.

Eine Ejakulation schwächt dich als Mann, insbesondere wenn du vor Kurzem schon einmal ejakuliert hast. Das kannst du ein wenig ausgleichen, wenn du dich im Augenblick der Ejakulation ganz in die Liebe deiner Frau hineinfallen lässt und in der Stille verharrst. Ejakulierst du jedoch, dann solltest du das auch voll und ganz genießen, ohne Schuldgefühle und in tiefer Dankbarkeit. Wichtig ist in diesem Fall, dass du auch nach dem Orgasmus in dieser Energie bleibst und in tiefer Dankbarkeit annimmst, dass du von deiner Liebsten aufgenommen wurdest. Indem du nach der Ejakulation liebend in ihr bist, bleiben die feinen Kraftströme erhalten. Die Liebe des durch die Explosion entstandenen elektromagnetischen Feldes sollte nach dem Orgasmus gehalten werden, bis die Energien wieder ganz still geworden sind.

Tipps

Die Erektion kannst du leicht stundenlang halten, ohne zu ejakulieren, wenn du es erst einmal geschafft hast, in den ersten zehn Minuten nach dem Eindringen auf die Ejakulation zu verzichten und dich zu entspannen.

Meditation, den Atem beobachten, gemeinsam summen, Tantramassage ... bieten die optimalen Voraussetzungen, um das Kopfkino und die Übererregtheit auszuschalten und eine vorzeitige Ejakulation zu vermeiden.

Wenn du nach der Ejakulation einen starken Kräfteverlust erlebst, empfiehlt sich das homöopathische Mittel *China*.

Die Kunst und die Aufgabe der Liebenden liegen darin,

einen inneren, unsichtbaren Kanal zu bauen

und ihn zu halten,

unabhängig von Form und Emotion.

Der Talorgasmus

Erfüllte Sexualität zeigt sich darin, dass ein Akt der physischen Fortpflanzung in schöpferische Kraft umgewandelt werden kann. Immer wieder hat man versucht, das künstlich herbeizuführen, doch das ist gar nicht notwendig. Wenn du dich um deinen Ausdruck bemühst, wenn du malst, musizierst, dichtest, schreibst, sprichst und ein liebevolles Verhältnis zu dir selbst pflegst, wirst du erfahren, wie mit der erfüllten Sexualität zugleich deine Kreativität explodiert. Und die Selbstannahme, die du im Eros erfahren hast, wirkt sich förderlich auf deine Kreativität aus.

Eine umfassendere Einweihung erlebst du in der Vereinigung deiner beiden höchsten Energiezentren im Kopf, wie sie unter anderem von Tom Kenyon im *Manuskript der Magdalena* unterrichtet wird.[23] Die Hypophyse und das damit verbundene Dritte Auge vereinen in sich sämtliche Sinnesströme und gelten deshalb seit alters als Sitz der höchsten Göttin. Die Epiphyse und das damit verbundene Scheitelzentrum sind verantwortlich für Inspiration und höchste Denkimpulse des Menschen und entsprechen dem Sitz des höchsten Gottes.

Gelingt es dir, im Liebesakt die sexuelle Spannung zu halten und dich (für dich als Mann: ohne Ejakulation) im Orgasmus zu entspannen, erlebst du den sogenannten Talorgasmus, der von Lichterfahrungen im Kopf begleitet wird, ganz von selbst. Gelingt es dir, die sexuelle Spannung und den Eros zu halten und schöpferisch auszugestalten, wirst du erfahren, wie du überfließt von Eros und innerer Ekstase. Jede Form von Meditation, jede Mantratechnik und auch der Hatha Yoga unterstützen diese Erfahrung, doch letztendlich entscheiden nicht geistige Exerzitien, sondern Liebe, Hingabe und Gnade darüber, in welchem Maße du diese Erfahrung machst.

Wirkliche Begegnung entsteht dann, wenn in der Sexualität die Seelen der Geliebten sich füreinander öffnen und sich zueinander bekennen. Erfüllte Sexualität auf dieser Stufe kommt damit einem „Körpergebet zu zweit" oder einem „Miteinander-Musizieren" gleich.

Orgasmus und Manifestation

Erfüllte Sexualität kann höchste Energien anziehen, dies gilt für den inneren Orgasmus ebenso wie für die Zeugung. Die Bewusstseinsebene, auf der sich ein Paar bei der Zeugung befindet, entscheidet möglicherweise darüber, welche Art von Seele angezogen wird.

Wir haben die Möglichkeit, unsere eigene Entwicklung im Augenblick des bewussten Orgasmus – mit oder ohne Ejakulation – durch die Kraft unserer Gedanken und durch Visualisieren voranzubringen und uns oder anderen Heilung zu senden. Sexualmagische Praktiken empfehlen dem Mann, beim inneren oder äußeren Orgasmus an etwas Schönes zu denken, das er erschaffen will, während er in dem Magnetfeld der Partnerin ruht. Die Kraft der Manifestation soll sich verzehnfachen, wenn die Partnerin beim gemeinsamen Orgasmus den gleichen Gedanken hat. Falls der Mann ejakuliert, ist es wichtig, welchen Gedankenströmen er bei der Ejakulation folgt, da mit ihnen eine große mentale Kraft transportiert wird.

Eine vom Orgasmus unabhängige Form der Manifestation geschieht, indem wir den Eros in den Dienst der Liebe stellen. Wir können unseren Liebesakt etwas Höherem weihen. Sexualität hat eine gewaltige Kraft. Wir können vor dem Liebesakt sagen: „Den sexuellen Genuss, den wir heute haben werden, weihen wir dem Frieden in der Welt!" Und wenn es uns gelingt, bewusst mit der sexuellen Kraft umzugehen, wird die

Energie, die davon ausgeht, nicht nur unser Herz und unseren Leib heilen, sondern auch anderen Menschen zugutekommen. Ein Körper, der geliebt wird und ekstatisch lebt, ist seltener krank. Zugleich wächst in uns das Bedürfnis, etwas zu erschaffen, anstatt etwas zu zerstören.

Bei der erfüllten Sexualität hat der weibliche Orgasmus für die Frau eine wichtige gesundheitliche Funktion: Er reinigt ihren Uterus und ihre Vagina, aber auch ihre Aura, wenn dieser Orgasmus von der göttlichen Liebe des Mannes begleitet wird. Umgekehrt ist es genauso: Eine Frau, die den Mann während seines Orgasmus liebt, liebkost und ehrt, leitet zugleich eine energetische Reinigung des Mannes, seiner Chakren und Aura ein.

Ist es nicht wunderbar in die Augen des geliebten Menschen zu schauen und dort die Dankbarkeit zu sehen für den großartigen Sex, der ihm gerade geschenkt wird? Man hat das Gefühl, ein gesegnetes Glückskind zu sein.

Tipps

Unterstützen könnt ihr die entstehende sexualmagische Kraft, wenn ihr während oder nach dem Orgasmus erhebende kraftvolle Musik hört und diese auf euch wirken lasst. Hier eignen sich beispielsweise die CDs *The Best of Wah!* (Sounds True Inc., 2006) oder *love holding love* von Wah! (Nettwerk, 2008).

Eine Vision

Stell dir einmal vor, es gäbe eine Welt, in der die Entstehung eines Kindes davon abhinge, dass *beide*, Mann wie Frau, einen zutiefst erfüllenden Orgasmus haben. Es ist nur eine Idee, aber vielleicht keine schlechte. Wie würde sich unsere Sexualität dadurch verändern?

8. September

Der heutige Tag war ein voller Becher,
der heutige Tag war eine gewaltige Welle,
heute, das war die ganze Erde.
Heute hob das stürmische Meer
in einem Kuss uns so hoch,
dass wir erzitterten
im Licht eines Blitzes
und aneinandergefesselt abwärts schossen,
um unterzugehen, ohne uns loszulassen.
Heute dehnten sich unsere Körper aus,
wuchsen bis an die Grenzen der Welt
und rollten, verschmelzend, fort
in einem einzigen Tropfen Wachs,
einem einzigen Meteor.
Zwischen Du und Ich ging eine Türe auf,
und jemand, noch ohne Gesicht,
stand da und erwartete uns.

Pablo Neruda

Der Orgasmus als Beginn einer neuen Reise

Der Liebesakt kann uns Segnungen schenken, die wir als Energievibrationen oder als ein Durchströmtsein von Ekstase wahrnehmen. Mystiker sprechen hier von *Soma* oder „Göttertrunk". Gelingt es, den Liebesakt nach dem ersten inneren Orgasmus fortzusetzen, können die Erlebnisse noch kraftvoller werden. Man kann nächte - lang lieben, wenn man sich nun der Technik des Stillen Liebemachens bedient, und dadurch mehr Kraft tanken als beim Schlafen – doch du solltest nichts erzwingen.

Die meisten Menschen betrachten den Orgasmus als eine nette Stimulation – vielleicht zwischen Tagesschau und Wetterkarte. Danach geht man wieder zur Tagesordnung über. Und dann gibt es die fortgeschrittenen Tantriker, Taoisten und Kamasutra-Anhänger, die wissen, dass es „höhere Orgasmen" gibt, und sie pflegen. Doch auch der tantrische Orgasmus ist erst der Anfang. ... Der Dauer- beziehungsweise Talorgasmus lässt uns universelles Bewusstsein erfahren, das unsere ganze Existenz durchdringt. ... Er ist der Beginn einer wundervollen Reise.

So viele emotionale Probleme wären gelöst, wenn wir erfahren würden, wie der menschliche Orgasmus zum kosmischen Orgasmus wird und wie wir ohne Kraftaufwand im Zustand dieses kosmischen Orgasmus' bleiben können. Orgasmus ist für den spirituell hoch entwickelten Liebenden kein „Reflex", der der Fortpflanzung dient, sondern eine „Erinnerung" daran, wer wir in Wirklichkeit sind: ekstatische Wesen. Der Orgasmus spiegelt auf der körperlichen Ebene die Kontraktion und Expansion des Universums wider ... und wir können durch unsere Sexualität wieder daran teilhaben.

Um die Natur der Kraft des *universellen* Orgasmus zu verstehen, müssen wir uns vor ihr verneigen, müssen wir sie würdigen. Das bedeutet, den Raum der Ekstase zu betreten wie einen Tempel. Die Lektionen, die die Sexualität für uns bereithält, dienen uns als Spiegel dafür, wie wir mit uns selbst und anderen umgehen.

Dass höchste Glück auf Erden ist die Gewissheit,
dass wir geliebt werden.

Victor Hugo

... und nach dem Orgasmus

Die Zeit nach dem Orgasmus ist von großer Bedeutung. Jetzt können wir tief genährt werden. Wir sollten nicht einfach zur Tagesordnung übergehen, sondern in der Liebe sein, bis der See des gemeinsamen Bewusstseins wieder still und klar geworden ist. Gelingt es der Frau auch nach dem Orgasmus, in der Erfahrung versunken zu bleiben, wird sie sich tagelang genährt fühlen. Sie wird noch lange nach dem Akt den Lingam des Mannes in ihrer Yoni als eine Lichtsäule fühlen, die ihr Kraft gibt. Und der Mann wird inspirierende Kräfte in sich wahrnehmen und den Drang haben, nachdem der Liebesakt stimmig ausgeklungen ist, etwas zu erschaffen, kreativ zu arbeiten.

Bleibe in diesem Bewusstsein, springe nicht aus ihm heraus. Nimm dir Zeit für die Liebe. Es ist besser, nur ein- bis zweimal in der Woche Sex zu haben und sich für die körperliche Begegnung und die Momente danach Zeit zu nehmen. Lege Musik auf, die diesen Zustand, in dem du in erfülltem Sein „nachglühst", fördert (z. B. von Wah!, siehe Tipp auf Seite 133) und spüre das Licht in dir und um dich herum.

Wenn du erfüllte Sexualität lebst, erlebst du dich in der Zeit danach als liebend, du verschmilzt mit jeder Blume, mit jedem Blatt, jedem Stein ... erfährst die Einheit, die unsere Welt ist. Wenn du erfüllte Sexualität studierst, erkennst du, dass es sich hierbei um einen Zustand völliger Egolosigkeit handelt ... gerade das macht ihren Reiz aus.

Im vollendeten Zustand braucht es keine Worte,
weil die Liebenden sich ohne Sprache verstehen.
Durch den inneren Kanal herrscht innere Übereinkunft.
Voraussetzung für dieses Verstehen sind Lauterkeit,
Hingabe und Vertrauen,
sonst kann diese Form von Liebe nicht gelingen.

Alchemie und Eros

Im Sex erfahren wir die Urkraft, die Urpulsation, wenn wir bereit sind, uns selbst als Urkraft, als Urpuls zu erleben. In der erfüllten Sexualität wird die Urkraft weitergegeben. Wenn Mann und Frau sich wirklich geliebt und anerkannt fühlen, entspannt sich etwas in ihrem Sein. Wenn es den Liebenden im Liebesakt gelingt, die eigene Seele und die des anderen ganz tief zu berühren, findet ein heiliges Erschaudern statt und es öffnet sich ein riesiger Energiestrudel. Haben die Liebenden den Mut, sich tiefer und tiefer in diesen Strudel hineinfallen zu lassen, kommen sie damit den Geheimnissen des Universums auf die Spur. Sie erfahren dieses am eigenen Leib, mehr noch: Sie erleben sich als das Universum selbst.

Damit das geschieht, ist es hilfreich, wenn die Potenziale beider Liebenden in den verschiedenen Körpern aktiviert sind. Rebirthing, Chakra-Atmen, No-Mind-Meditation ... jede Form von Loslassen, von Zu-Lebzeiten-Sterben ist eine gute Vorbereitung auf diese Erfahrung. All diese Techniken sind jedoch nicht zwingend. Allein die Liebe kann uns schon ins universale Bewusstsein hineinkatapultieren.

Jeder spirituell entwickelte Mensch, der Ja zu seiner Körperlichkeit sagt, wird verwundert feststellen, dass seine Sexualität allein durch sein spirituelles Bewusstsein erfüllender geworden ist. Meditierende, die lange Zeit der Sexualität entsagt haben und zu ihr zurückkehren, erleben ihren Eros auf einmal völlig neu – als Ausdruck von göttlicher Liebe auf Erden.

So haben große Mystiker des Ostens Gedichte geschrieben, die sowohl die Schönheit der Sexualität als auch die Schönheit der Liebe zu Gott preisen. Rumis Liebesgedichte lassen uns mitunter daran zweifeln, ob er die Liebe zu Gott oder die Liebe zu einem Menschen meint, auch wenn wir wissen, dass Rumi ein Mystiker war, der Gott mit derselben tiefen Verzückung begegnete wie Liebende einander begegnen.

Im Liebesakt wird das Gleichgewicht von Sonne (*Surya*, Mann) und Mond (*Chandra*, Frau) geehrt. Sonne ohne Mond(in) ist engstirnig, heiß, statisch und dogmatisch – sie erlaubt keine Spiegelung. Mond ohne Sonne ist phlegmatisch, launenhaft, instabil, wechselhaft und erlaubt keine Strebsamkeit. In der Verbindung von Sonne und Mond geschieht der Tanz der Schöpfung. Indem der Mann sich mit der Frau vereint, wird er durch die Mondgöttin selbst eingeweiht. Und indem die Frau sich mit dem Mann vereint, erfährt sie das Strahlen des Kosmos im eigenen Leib. – So hat eine Frau, die von innen heraus leuchtet, möglicherweise gerade eine erfüllte Liebesnacht erlebt. Und ein Mann, der eine charismatische Ausstrahlung hat, hat vielleicht gerade eine Frau geliebt.

Der Mann muss bereit sein, hinabzusinken in den dunklen Schoß der Göttin und sein Licht dort hinein zu versenken. Und die Frau muss bereit sein, ihren Schoß der gewaltigen Kraft und der Macht des Mannes zu öffnen. Dann gelingt die Alchemie der Liebe.

Tipp

Auf der wundervollen CD *a gift of love* (Rasa Music, 2006) haben Deepak & Friends Rumi-Gedichte vertont. Diese süßen und betörenden Klänge sind einzigartig – besonders in der Liebesnacht.

Die Zelle weiß, dass sie unsterblich ist. Die Zelle ist Licht.
Es ist möglich, das Licht aus den
himmlisch-himmlischen Bereichen
in das „Mental der Zellen" hineinzubringen.
Das integrative Yoga, das nichts ausschließt,
wird einen neuen Menschentypus hervorbringen.
Und die Erde wird göttlich sein.

Mirra Alfassa, Mutters Agenda

Delfingesänge und kosmisches Bewusstsein

D elfine verkörpern ein Einheitsbewusstsein, das uns Menschen
noch fehlt. Sie wirken als Bestandteil eines schöpfungsdurch-
dringenden „ozeanischen Bewusstseins", auch durch ihre
Klänge. Im Einheitsbewusstsein, wie wir es in der erfüllten Sexualität
erfahren, erahnen wir etwas von der Bewusstheit und von der Schönheit
der Delfine. Diese Meeressäugetiere sind in der Lage, ihre Töne zu
modulieren und dies in einer Bandbreite, die unser heutiges technisches
Verständnis übersteigt.

Die gesamte Existenz, wie wir sie wahrnehmen, ist im Prinzip
nichts anderes als eine verdichtete Licht- und Klangschwingung. Dies
hat unter anderem der Physiker Burkhard Heim in seinem Modell von
den sich gegenseitig aussteuernden Hyperräumen nachgewiesen. Man
vermutet heutzutage, dass Delfine mit ihren Hochfrequenztönen dazu
beitragen, dass diese Licht- und Klangschwingung und damit das

ökologische Gleichgewicht innerhalb aller Königreiche der Natur in Einklang bleiben.

Erfahrungen von ekstatisch Liebenden bezeugen, dass eine verdichtete Licht- und Klangschwingung unter anderem auch in den transzendenten „inneren Räumen" erfahren wird, die sich dem Liebespaar in der tiefen sexuellen Erfahrung öffnen. Dieser „kosmische Sex" bedeutet nicht, dass wir auf Wildheit verzichten müssen. Vielmehr geht es darum, dass wir eine innere Weihe, eine innere Ausrichtung unseres Eros auf das Erhabenste in uns haben. Indem wir unseren Eros dem großen Ganzen zur Verfügung stellen, ist für jedes Liebespaar „ozeanisches Bewusstsein" und Verschmelzung mit der Einheit allen Seins verfügbar – ein Bewusstsein, in dem die Delfine möglicherweise bereits leben.

Erfüllte Sexualität dient somit als Weg, um gemeinsam mit einem Partner die Einheit in uns selbst wiederherzustellen. Es ist vielleicht die heilige Pflicht des Mannes und der Frau, den Eros mit ihrer inneren Bewusstheit zu durchdringen.

Immer wieder berichten Liebeskundige von transzendenten Erfahrungen beim Sex: Dröhnende Klänge kommen über sie, erst kraftvoll, als würden sie unter einem Wasserfall stehen, dann ebnen sich Trommelklänge den Weg durch den Körper, zuletzt erklingen Dudelsackklänge, die die Körperzellen zum Erbeben bringen.

Halten wir ein in der Stille des Talorgasmus (siehe auch Kapitel „Der Talorgasmus", Seite 130 ff.), dann vernehmen wir vielleicht sogar den Gesang der großen Erdmutter. Sie wird zu uns sprechen, erst zart und leise, dann als ein zartes Donnergrollen von der Ferne, das immer näher kommt, bis wir den Wasserfall und all die anderen Klänge durch unsere Körper spüren.

Wenn wir diese inneren Gesänge, Klänge und Sphärenharmonien in der Vereinigung mit dem geliebten Partner mit unseren inneren Ohren und mit unserem ganzen Körper hören, wächst in uns der Wunsch, diese auszudrücken mit Tönen, die denen der besagten Delfine und Wale ähnlich sind.

Lichtarbeiter behaupten: Durch unsere erhabene Schwingung tragen wir zum Segen des Ganzen bei. Indem wir das, was unsere Körper im Eros als „Klanginstrumente" erfahren, als Mann und Frau gemeinsam ausdrücken, stimmen wir ein neues „Tönen" für unseren Planeten an. Wir erheben die Erde, weil diese Klänge rund um die Erde gehen wie die Klänge der Delfine und der Wale. Sie erheben alles um uns herum, wie die Delfine es tun.

Und darum: Lasst uns lernen, wie ein Delfin zwischen den Welten zu wandeln und dabei das Lied der Sphären zu singen. Delfinbewusstsein ist Einheitsbewusstsein.

Tipps

Im erfüllten Liebesakt kann das Delfinbewusstsein uns durchdringen. Macht die ersten Schritte auf eurem Weg zur Erfahrung von kosmischem Bewusstsein in der körperlichen Liebe:

Summt miteinander, bevor ihr euch liebt. Eine gute Anleitung findet ihr in *Das Buch vom Summen: The Hum Book*, das Julie Henderson geschrieben hat.

Ihr könnt auch die CD *Osho Nadabrahma* von Deuter (New Earth, 2007) einlegen, die heilsame Schwingungen erzeugt.

Wenn ihr beim Liebemachen das Bedürfnis spürt, eurem Erleben stimmlich Ausdruck zu verleihen, dann summt, tönt oder macht andere Geräusche.

Hilfsmittel auf deinem Weg

OB IHR DIE ERFAHRUNG VON ERFÜLLTER SEXUALITÄT machen werdet, das liegt nunmehr ganz in euren Händen. Unser Anliegen mit *Im Tempel der Ekstase* ist es, euch diese Erfahrung schmackhaft zu machen und euch vor Augen zu führen, dass sie im Grunde zum Greifen nahe liegt.

Nachfolgend einige Hilfen, die euch der erfüllten Form der Sexualität ein großes Stück näher bringen: In den folgenden Kapiteln findest du noch mehr Übungen, Affirmationen, CD-Tipps, Informationen zu Aphrodisiaka, Vitalstoffen und vieles mehr.

Die größte Heilerin ist die Liebe.

Die am längsten anhaltende, leidvollste Zeit

ist die Zeit, die wir brauchen,

um uns der Liebe zu erinnern.

Sobald die Liebe erinnert wird,

ist dein Leben mit Leichtigkeit erfüllt.

Und selbst wenn da viele Tränen sind,

lass die Tränen los

und es wird sich gut anfühlen,

sich der Liebe zu erinnern.

Tauche ein in das unterseeische „tiefe Licht".

Heile deinen Körper, befreie deinen Geist,

den Atem des Lebens.

Die größte Heilerin ist Liebe.

Kutira Decosterd Jwala, Tantric Wave II, Oceanic Tantra

Erlebe einfach um!

Wollen wir erfüllte Sexualität erleben, ist es hilfreich, sexuelle Blockaden, die wir möglicherweise von den Eltern geerbt haben, aufzulösen. ... Das geschieht ohnehin automatisch, je erfüllter wir unsere Sexualität erleben. Jede Form von erfüllter Sexu - alität versorgt unsere DNS mit Licht- und Liebesenergie und setzt gewaltige Reinigungsprozesse in Gang, die manchmal von heftigen Emotionen begleitet sein können. Doch wir können diese positive Transformation unterstützen.

Damals, als deine Eltern sich vereinigten, um dich zu schaffen, kreierten sie eine ganz bestimmte sexuelle Empfindung. Alle Emotionen, die deine Eltern beim Liebesakt hatten, sind in deiner DNS gespeichert ... und du kannst sie heute auflösen. Je mehr Bewusstheit du entwickelst, umso mehr wirkt in dir die sexuelle Kraft erfüllter Sexualität statt des Musters deiner Eltern.

Wie die bekannte Trauma-Psychologin Dr. Luise Reddemann herausgefunden hat, wirkt eine „alternative Realität", die du durch deine Vorstellungskraft beispielsweise über deine Zeugung erschaffst, genau so, als wäre der Liebesakt zwischen deinen Eltern tatsächlich so tief erfüllt gewesen, wie du ihn jetzt visualisierst.[24] Es ist allerdings wichtig, dass du der Erinnerung an die veränderte Realität im Alltag auch immer wieder Kraft gibst, indem du entsprechend darüber sprichst. *Es ist nie zu spät, eine gute Zeugung gehabt zu haben.*

Bei einer idealen Zeugung verbinden sich die sexuelle Energie der Göttin und die sexuelle Energie Gottes. Über diese Welle kann ein Wesen einer sehr hohen Ebene empfangen werden – ein Buddha, Bodhisattva, eine hohe Seele, denn essenziell ist jeder Mann ein Gott und jede Frau eine Göttin im menschlichen Gewandt – wir müssen unsere Göttlichkeit nur wiederentdecken.

Übung 1

Halte einen Augenblick inne. Spüre in dich hinein und ehre das, was an dem sexuellen Muster deiner Eltern in Ordnung ist. ... Und jetzt nimm wahr, was du durch Bewusstheit verändern magst ... und erfahre anstelle der unguten Emotion eine liebevollere. Spüre genau hin. ... Erlebe den Liebesakt, bei dem dich deine Eltern gezeugt haben, noch einmal neu und stell ihn dir dieses Mal vor als den erhabensten und erfüllendsten Liebesakt, der für dich denkbar ist. ... Im Liebesakt deiner Eltern begegnen sich Gott und Göttin.

Übung 2

Notiere deine ideale sexuelle Biografie und erlebe sie statt der bisherigen auf allen Ebenen. Es ist nie zu spät, eine gute Vergangenheit gehabt zu haben.

Übung 3 – in der Gruppe

Suche dir einen (oder zwei) Partner und bitte ihn (sie), für diese Übung dein Vater beziehungsweise deine Mutter zu sein. Dein Partner kann dir nun Sätze sagen, die du als Kind gern gehört hättest (zum Beispiel: „Ich liebe dich genau so, wie du bist", „Du bist mir sehr wichtig" ...), oder er kann dich umarmen und einfach in den Armen halten. Diese Technik wird „Nachnährung" genannt und in *Ikonen der Seele* von Andreas Krüger und Klaus Jürgen Becker genau beschrieben.

Übung 4 – in der Gruppe

Suche dir einen gegengeschlechtlichen Partner und bitte ihn, dir all das Liebe und Positive zu sagen, was du gern von deinem ersten Liebespartner gehört hättest. Diese Technik wird als „Mann-/Frau-Nachnährung" oder „sexuelle Nachnährung" bezeichnet.[25]

Die Frau macht den Knaben zum Manne,
der Mann das Mädchen zur Frau.

Neurosen schmelzen wie Eis in der Sonne,

Irritation wandelt sich in lebensbejahende Kraft,

wenn wir geheilt aus den Banden uns lösen,

wenn wir uns befreit betrachten

und mit offenem Herzen

und weitem Geist aufsteigen,

mit starkem Rückgrat uns frei entfalten.

Dann ist es gut zu fliegen –

allein oder zu zweit.

Transformiere deine sexuellen Energien

D ie nachfolgenden Affirmationen sind darauf ausgerichtet, in dir und in deinem Partner den höchsten Gott zu sehen. Wenn für dich statt der unten stehenden Begriffe andere – wie zum Beispiel „höchste universelle Energie", „kosmischer Geist", „das Selbst", „die höchste Göttin" etc. – besser passen, dann setze diese an den entsprechenden Stellen ein.

Suche dir aus der Liste von Affirmationen einfach die Affirmation/en aus, die dir gerade guttun und arbeite solange mit ihnen, bis du Veränderung wahrnimmst.

Affirmationen

„Ich erlaube, dass die Energie der Unschuld meinen sexuellen Selbst-Ausdruck befreit von allen Manipulationen, Codierungen, Implantaten, Verzerrungen, Doppelbindungen, Missverständnissen und Störungen. Ich bin ein Kanal für erfüllte Sexualität und Liebe. Ich erlaube, dass der heilende Strom der erfüllten Liebe erneut in meine Zeugung, in meine Geburt, meine Kindheit und meine Adoleszenz hineinströmt und mein ganzes Leben erfüllt. Ich erlebe eine heilende Beziehung zu meinem Körper. Mein innerer Embryo, mein Säugling, mein Kleinkind, mein Kind, mein Teenager, mein Twen und mein Erwachsener sind sexuell heil. Ich sehe das sexuell heile Abbild dieser Archetypen vor meinem geistigen Auge. Ich bin bereit und in der Lage, anzuerkennen, dass mein allumfassendes Bewusstsein in der Lage ist, diese alternative Realität als ergänzende Blaupause anzunehmen und meine Erinnerungsmatrix entsprechend aufzurüsten."

„Es ist schön, eine Frau [oder: ein Mann] zu sein. Ich genieße es, einen Mann [oder: eine Frau] zu lieben."

„Ich erlaube mir als Frau [oder: als Mann], sexuell kraftvoll, heil und im Liebesakt heilend zu wirken. Ich erlaube, dass die göttliche Kraft meine innere Matrix durchdringt und mich heilt. Ich bin offen für eine sexuell heile Matrix - jetzt."

„Ich erlaube, dass durch die Kraft der Unschuld meine Beziehung zum anderen und zum eigenen Geschlecht geheilt wird - jetzt."

„Ich verzeihe allen Männern [oder: allen Frauen], die mich jemals missachtet, gedemütigt oder misshandelt haben. Ich bin bereit, alle Männer [oder: alle Frauen], die mir begegnet sind, in einem neuen Licht zu sehen. Die Energie der Unschuld, der ich erlaube, durch mich zu wirken, heilt Missachtung und Misshandlung und meine sexuelle Würde als Frau [oder: als Mann] - jetzt. Ich verzeihe mir und allen

Betroffenen sexuelle Missachtung und Misshandlungen, die ich aktiv oder passiv erlebt habe."

„Ich erlaube, dass die Kraft der Unschuld meinen Körper, meine Sinne, meine Seele, meinen Geist von allen sexualfeindlichen Gelübden aus allen Zeiten und allen Inkarnationen befreit und dass diese von mir abfallen. Ich nehme meine Sexualität als mein natürliches Erbe an und weihe sie meinem [oder: meiner] inneren und meinem [oder: meiner] äußeren Geliebten. Ich erlaube, dass die Kraft der Unschuld mich von allen Energien befreit, die mit Angst, Abhängigkeit, Scham, Dogma, Enttäuschung, Ekel, Rigidität und Frustration im Bereich ‚Sexualität' zu tun haben."

„Ich schließe Freundschaft mit meiner Sexualität und erlaube der Energie der Unschuld, durch mich zu genießen. Ich erlaube, dass die gnadenvolle Energie der Unschuld jede ungelöste Energie aus missachteten oder ungewollten Schwangerschaften entlässt. Ich segne die davon betroffenen Energien und erlaube ihnen und mir, frei zu sein für eine freudvolle Zukunft. Ich erlaube, dass die inspirierende Energie der Unschuld alle Muster loslässt, die Sexualität mit Härte, Kampf, Unterdrückung, Abwesenheit und Verachtung verbinden. Die mir vom Leben gegebene Sexualität ist befreiend und segensreich. Ich bin in liebevollem Kontakt mit dem liebenden Ursprung meines Eros in allen Dimensionen."

„Gott ist Liebe. Ich bin bereit und in der Lage, meine Sexualität dem höchsten Liebesgott zu weihen. Ich erlaube dem Göttlichen, durch mich Sexualität zu genießen. Ich stelle dem Göttlichen meine Sinneskanäle zur Verfügung. Ich erlaube Ihm, im Liebesakt, durch mich zu handeln. Gott liebt durch mich, küsst durch mich, gibt sich dem Liebesakt hin durch mich."

„Die Energie der Unschuld sendet Seinen Heilstrom in meine elterliche DNS. Ich entlasse meine Eltern aus jeglicher sexuellen Verantwortung und ich bin bereit, sie neu und als göttlich zu betrachten. Der Heilstrom der Unschuld fließt durch mich in die gesamte Blutlinie aller Vorfahren, die ich jetzt vor mir sehe."

„Ich erlaube, dass meine gesamte Blutlinie Vergebung erfährt, und sehe sie im neuen Licht - jetzt."

„Meine DNS-Schichten heilen durch die Energie der Unschuld und manifestieren sich als vollkommener Ausdruck göttlicher Schönheit, als Adam Kadmon [ursprünglicher Mensch] [oder: als Eva Kadmon]. Ich bin neu geboren durch mein Bewusstsein in Schönheit und Erotik - jetzt."

„Ich bitte Jesus Christus und Maria Magdalena [Radha und Krishna, Shiva und Shakti oder ein anderes Wort für ein für dich vollendetes Liebespaar], mich mit ihrer Liebesenergie zu durchfluten. Ich bitte sie, mir die Liebesenergien zu senden, die bei ihrem Liebesakt gegenwärtig sind. Ich bitte sie, mich einzuweihen in die göttliche Sexualität, so wie sie in den alten Mysterienkulten gelehrt wurde. Ich bin bereit für meine sexuelle Einweihung in die höheren sexuellen Ebenen."

„Ich erlaube der Energie der Unschuld, durch mich Sexualität mit allen Sinnen zu genießen, und weihe Gott/Göttin meinen Sinnengenuss. Gott/Göttin riecht durch mich, hört durch mich, sieht durch mich, fühlt durch mich, ist sexuell erregt und erfüllt durch mich. Ich erlebe und erlaube die Öffnung meiner sexuellen Zellen in tiefer Verbindung mit den Mysterien des vollendeten göttlichen Liebespaares."

Ich liebe dich, nicht nur, weil du bist, wie du bist,
sondern weil ich bin, wie ich bin, wenn ich bei dir bin.

Erich Fried

Übungen für Paare und Singles

Atemekstase: Sexualität, insbesondere auch die Qualität des Orgasmus, hängt immer mit unserem Atem zusammen. Wer lernt, seinen Atem bei der körperlichen Liebe als Freund einzusetzen, den führt er hinein in die Ekstase des Ganzkörperorgasmus und der bewusstseinserweiternden Sexualität. Zur Anregung der Atemekstase empfehlen wir:

- die CD *Rebirthing Poweratem* von Reinhold Pertler.[26] Auf ihr sind Atemgeräusche zu hören, die dazu einladen, einfach mitzuatmen;
- die CD *Das innere Feuer* von LoveCreation. Hier findet ihr eine Atemübung zur Erweckung der inneren Flöte.[27]

Zur Atemekstase gehört auch die vorwärtsgehende oder die rückwärtsgehende Beckenschaukel: Dabei schiebst du im Stehen, im Sitzen oder Liegen beim Einatmen das Becken nach vorn und ziehst es beim Ausatmen zurück – oder umgekehrt, je nachdem, wie es sich für dich gut anfühlt.
Empfehlung: Höre die geführte Atemmeditation, bevor du deinen Geliebten triffst, und erlebe, wie stark du mit Vitalenergie (Prana) aufgeladen bist, wie viel sexuelle Kraft du durch die Atmung für deinen Geliebten aufgebaut hast. Die klassische Musik im Hintergrund schafft eine lebensbejahende Stimmung; diese Atemmeditation kannst du allein

oder mit deinem Partner gemeinsam machen. So bereitet ihr euch gut auf die Liebe vor.

Atemaufladung: Die CDs *Osho Chakra Breathing Meditation* von Kamal (New Earth, 2007) und *Chakra-Breathing* von Ilona Focali und Konrad Halbig (Koha Verlag, 1999) bereiten euch mithilfe der Sufi-Chakren-Atmung auf den „kosmischen Orgasmus" vor. Indem ihr beide – du und dein Partner – im Einklang mit der Musik gemeinsam kraftvoll in jedes eurer Energiezentren hineinatmet, reinigt ihr euren „inneren Kanal", sodass deine sexuelle Kraft später im Liebesakt ungehindert durch eure Körper fließen und diese zum Erbeben bringen kann. Diese geführte Meditation ist auch ideal, um die Energien „anzuheizen".

Achtung: Chakren-Atmen solltet ihr nicht mit vollem Magen praktizieren, sondern nach einer Malzeit eine Weile awrten.

Atembewusstheit: Schon allein, wenn ihr euren Atem beobachtet, könnt ihr euch auf den Liebespartner optimal einstimmen. Wer möchte, kann die Atem-Beobachtung mit einer (sexuellen) Atemschule verbinden. Hierfür eignen sich insbesondere die CDs *Ecstatic Sex* (in englischer Sprache; Sounds True, 2008) von Gay Hendricks und *Richtig Atmen. Sich entspannen und die eigene Mitte finden* (2 CDs) von Gay Hendricks (in deutscher Sprache; Lange Media Verlag, 2003).

Atem-Light-Breath: Diese Methode wird auch *Quantum-Light-Breath (QLB)* genannt und ist eine sanfte Variante des Rebirthing. Mühelos erzeugen die Atmenden ein befreiendes Hochgefühl. Unterstützt mit positiven Affirmationen und der Visualisierung eines Sonnenaufgangs ist *QLB* ein optimaler Start in einen sinnlich und sexuell erfüllten Tag. Empfehlenswert sind hier insbesondere die CDs *QLB 1, QLB 2* und *QLB 3* (*Quantum Light Breath 1, 2* und *3*) von Jeru Kabbal sowie die CD *Quantum 2* von Konrad Halbig (Koha Verlag, 2004), allesamt einfühlsam mit klassischer Musik hinterlegt.

A-U-M-Meditation: In dieser Meditation von Veeresh werdet ihr durch zwölf emotionale Phasen (Wut, Hass, Trauer, Lachen, Feiern ...) geführt. A-U-M-Meditation wird in verschiedenen Großstädten von dafür ausgebildeten Therapeuten angeboten – es gibt sie aber auch als Audio-CD zu kaufen. Informationen findet ihr unter *www.humaniversity.nl.*

Beckenbewusstsein: Auf der CD *Die heilige Quinte, Vol. 2* von Shabnam und Satyamurti (Silenzio Music, 2002) hörst du einen sanften und langsamen Trommelrhythmus, der dazu einlädt, das Becken zu befreien. Die Musik ist ideal, wenn ihr vor dem Liebesakt im Stehen das Becken kreisen und dadurch die sexuellen Energien erwecken wollt. Sie eignet sich aber auch für Beckenbewegungen im Liegen, Atemsitzungen sowie als Hintergrundmusik für einen ruhigen und zärtlichen Liebesakt.

Begleitmusik für die körperliche Liebe: Sinnlichkeit weckt die Musik auf der CD *Tantra Drums* von Al Gromer Khan (New Earth, 2000). Die kraftvolle und im Tempo abwechslungsreiche Trommelmusik spricht die ganze Beckenregion und die Sexualorgane direkt an. Die rhythmischen, klopfenden, kreisenden Klänge sind wie geschaffen, um sich dem Liebsten hinzugeben. Wenn ihr mögt, könnt ihr eure Becken zu den Klängen bewegen. Diese Musik ist auch hervorragend geeignet für den erotischen Tanz.

Blitzableiter: Die *Egmont Ouvertüre* von Ludwig van Beethoven ist eine Musik, die ideal ist für Emotionen wie Wut und Zorn, die sich störend auf den Liebesakt auswirken. Doch wohin mit dem Frust? Lass deine Emotionen verdampfen, indem du ganz bewusst die *Egmont Ouvertüre* vor dem Liebesakt anhörst – am besten mit Kopfhörer in voller Lautstärke – und dabei alle Wut, allen Zorn mit den Klängen hochkommen und dann abfließen lässt. Wenn du magst, kannst du dich zu den Klängen auch bewegen oder spazieren gehen. Du wirst sehen: Danach kannst du unbelastet zärtlich sein.

BodyPump: Dieses Langhantel-Training mit Gewichten ist eine ideale Kombination aus Ausdauer- und Krafttraining. Da BodyPump den Bereich der Muskeln um den Genitalbereich sehr intensiv aktiviert (Po, Bauch, Beckenboden, Oberschenkel), fördert es gezielt die Durchblutung dieser Region, was sich auf die Liebesbegegnung positiv auswirkt.

Energiezentren reinigen: *Chakra Sounds* von Sayama (Koha Verlag, 2004) lädt mit Klangschalen, Crotales, Gongs, Keyboards, Shakuhachi, Flöten und Percussion ein zu einer gefühlvollen Reise in die ganzheitliche Wahrnehmung aller Chakren (Energiezentren).

Energiezentren einstimmen: *Osho. Chakra Sounds Meditation* von Karunesh (New Earth, 2007) ist eine CD mit einer einfachen, aber sehr wirkungsvollen Methode: Legt euch – während ihr der CD lauscht – nebeneinander auf den Rücken, berührt euch an der einen Hand, summt zu den Klängen der Musik in eure sieben Energiezentren – in eines nach dem anderen – hinein. Die freie Hand berührt jeweils das Chakra, an dem gerade gearbeitet wird. Wenn ihr euch danach liebt, werdet ihr feststellen, dass eure Körperenergiesysteme optimal aufeinander eingestimmt sind. In der Regel werdet ihr dann beim Sex eine tiefe Auraverschmelzung und energetische Aufladung erleben.

Erotische Stimmung schaffen: Auf ihrer CD *Lovers Rock* schafft Sade mit ihrer zarten, sinnlichen Stimme einen Raum der Behaglichkeit, in dem sehnsuchtsvolle Hingabe Freude bereitet.

Erotische Tanzmusik: Auf der CD *Erotic Lounge, Deluxe Edition* (Sony Music, 2003) findet ihr Musik, die zu einer „bewegten" Einstimmung auf das Liebesspiel verführt. Tanzt zu dieser Musik erotisch miteinander, streichelt euch selbst oder den anderen beim Tanzen, neckt einander in der Bewegung mit Hüfte, Po und Brust. Diese Doppel-CD ist geeignet, um in Fahrt zu kommen, wenn ihr abends zu müde seid, aber gern noch erfüllenden Sex hättet.

Gebet: Der „Canon" von Pachelbel, zum Beispiel auf der CD *The Ultimate Canon* (Sony Music, 2003), ist sehr hilfreich, wenn ihr vor oder nach eurem Liebesspiel eure Dankbarkeit für die Schöpfung ausdrücken wollt. Diese Musik ist eine wundervolle Unterstützung, wenn ihr Energien der Dankbarkeit, des Friedens und der Liebe erfahren wollt.

Herzöffnung: Das „Gayatri-Mantra" oder das Mantra „Ruhe und Gelassenheit", zum Beispiel auf der CD *Gayatri Mantras* von Lex van Someren und Stephanie M´aria (Maneva Music, 2003), wirkt herzöffnend. Bevor ihr euch dem Liebesakt hingebt, setzt euch einander gegenüber und seht euch liebevoll an, fühlt in euer Herz hinein und entscheidet euch, in eure innere Mitte zu kommen und ganz füreinander da zu sein. Hört dabei das vierte Stück der CD. Wenn ihr mögt, könnt ihr den einfachen spanischen Text mitsingen. Er lautet übersetzt: „Ruhe und Gelassenheit sind die Wege zum Herrn, Ruhe und Gelassenheit, um die Liebe zu erreichen."

Ho´oponopono: Ho´oponopono (Hawaiianisch: Die Dinge mit dem Göttlichen in Einklang bringen) hilft dir, die vollkommene Verantwortung für deine sexuelle Erfüllung zu übernehmen. Alles, was du über diese Methode wissen möchtest, findest du in dem Buch *Ho´oponopono. Die Kraft der Selbstverantwortung* von Klaus Jürgen Becker beschrieben.

Kräftigung: Unter- und Obertongesänge, zum Beispiel die CD *Tuuls* von Miagmar Nyamgerel Tsogtgerel (Tug, 1999), stärken die Kraft. Während ihr die Gesänge der Mongolen hört, stimmt euch gemeinsam auf die Musik ein, intoniert Vokale (A, O, U, Ü, I etc.) und Untertöne und erlebt, wie dadurch euer Bauchraum frei wird und die Energie nach unten strömt in euren Beckenbereich und eure Sexualorgane. Das kommt eurer Liebeskraft zugute.

Kraftpunkt: Auf der CD *Hara Meditation – Die Kraft der Mitte* von Anando Würzburger (Innenwelt Verlag, 2002) findet ihr Musik, die euch Inspiration schenkt für euer Liebesspiel. In euch gibt es einen Kraftpunkt im Unterleib, das Hara-Zentrum, das circa vier Zentimeter unterhalb des Bauchnabels liegt. Wenn ihr in diesem Zentrum präsent seid, nimmt eure sexuelle Kraft zu. Setzt euch hin, während ihr die geführte Hara-Meditation (Teil 1) hört, und beginnt ganz langsam, den aufrecht und gerade gehaltenen Oberkörper aus dem Hara-Zentrum heraus kreisen zu lassen. Beginnt mit einer kleinen Bewegung, die ihr immer größer werden lasst. Ihr werdet erleben, dass der Atem immer tiefer in euer Hara-Zentrum hineinströmt und euch mit Kraft auflädt. Teil 2 der CD, auf dem ihr nur Musik hört, eignet sich hervorragend als Hintergrundmusik für den Liebesakt, da diese Klänge euren Kraftpunkt aktivieren. Die sanfte rhythmische Trommelmusik lädt zu einem spielerischen „Tanz der Becken" ein.

Leidenschaft: Die Musik auf der CD *In the Garden of Souls* von VAS (MP Media, 2004) eignet sich nicht nur für Bauchtanz, sie ist Leidenschaft pur – ideal für jeden sinnlichen Anlass.

LoveRevolution: Hierbei handelt es sich um ein 30-Tage-Programm für Singles und Paare, das Andrea und Veit Lindau ins Leben gerufen haben. Es beinhaltet, dass du eine CD-Passage, die etwa 25 Minuten dauert, anhörst und verschiedene Aufgaben und Übungen machst, die in einem Begleitbuch erläutert sind, wie etwa an einem Forum und an Telefonkonferenzen teilnehmen. Dieses Programm ist in seiner Art einzigartig und in der Lage, festgefahrene Beziehungsmuster aufzulockern und zu überwinden.

Radikale (Selbst)Vergebung: Diese Methode öffnet den Raum dafür, dass du dich selbst und deinen Liebsten vollkommen annimmst. Sie lässt so mehr Nähe zwischen euch entstehen. Wenn ihr euch mit dieser Technik beschäftigen wollt, legen wir euch die CDs *13 Schritte* *zur radikalen Vergebung* von Colin C. Tipping (Kamphausen Verlag, 2005) und *Radikale Selbstvergebung. Die praktischen Schritte* von Colin C. Tipping (Integral, 2009) ans Herz.

Reinigung der Energiekörper: Die Musik auf der CD *Sound Transformation* von Tom Kenyon (Koha Verlag) eignet sich hervorragend, um dein Körperenergiesystem von Alltagsbelastungen zu reinigen, damit es wieder frei wird für die Liebe.

Romantik/Sehnsucht: Auf der CD *A Gift of Love* von Deepak Chopra and Friends findet ihr Verse von Rumi, die die Verehrung des Göttlichen ausdrücken und von verschiedenen Interpreten gesungen werden. Diese CD eignet sich besonders, wenn du deine Sehnsucht spüren willst, während du auf deinen Geliebten wartest.

Schütteln: Mit *Osho Kundalini Meditation* von Deuter (New Earth Records, 2007) könnt ihr euch frei schütteln, wenn ihr euch steif und angespannt fühlt. Bewegt das Becken, die Beine, lasst „es" durch euch hindurchströmen ... schüttelt euren ganzen Körper. Im nachfolgenden Liebesspiel kann dann die sexuelle Energie mühelos in zarten Vibrationen in euren Körpern emporsteigen. Statt der Kundalini-Meditation könnt ihr auch rhythmische Trommelmusik nehmen, um Spannungen abzuschütteln.

Sinnengenuss: *Forbidden Songs* von Tom Kenyon (Koha Verlag) bietet sinnliche Lieder der Verzweiflung, der Besessenheit und der Erleuchtung, die tiefste Verehrung für die Liebe beinhalten. Sie öffnen das Herz für die Schönheit der körperlichen Liebe und die Verrücktheit der sinnlichen Leidenschaft. Sie eignen sich auch nach einer wundervollen Liebesnacht ... zum Nachspüren bei Sonnenaufgang.

Sinnlichkeit: Auf der CD *Kamasutra* von Gomer Edwin Evans (Neptun, 2000) hörst du Musik, die auf indischen Instrumenten gespielt wird und einen wundervollen Raum der Sinnlichkeit kreiert.

Stilles Liebemachen: Die CD *Mars Venus* von Claudia Matussek (Sandawa Sounds) lädt zum Genießen ein. Legt euch eng neben- oder aufeinander, während ihr dieser Obertonmusik lauscht. Erlebt, wie die Klänge von Monochord- und Obertongesang eure Körper reinigen, vitalisieren und in Vibration bringen. Die Klänge könnt ihr bis in euer Becken hinein spüren. Diese Klänge stimulieren sowohl die männlichen Marskräfte als auch die weiblichen Venuskräfte ... bis in die Zellebene hinein.

Summen als Vorspiel: *Osho Nadabrahma Meditation* von Deuter (New Earth, 2007) bringt eure Körper in Vibration ... bis in die Zellen hinein. Probiert es einmal aus, beim Liebesakt gemeinsam zu summen, und lasst euch überraschen, welche positive Wirkung das auf euer Sexualleben hat. Wenn ihr euch nach einem harten Arbeitstag auf die Liebe einstimmen wollt, empfiehlt es sich ebenfalls, vor dem Liebesakt gemeinsam zu summen. Ihr sitzt einander gegenüber und hört *Osho Nadabrahma Meditation*. Während ihr gemeinsam summt, werdet ihr spüren, wie alles in euch seinen Platz findet. Alle Drüsen, alle Organe beginnen, richtig zu arbeiten. So wird der Raum geschaffen, in dem ihr euch seelisch sexuell aufeinander einstimmt.

Ein alternativer Vorschlag: Liegt nebeneinander und hört *Osho Chakra Sounds* von Karunesh (New Earth, 2007). Diese CD lädt dazu ein, durch die verschiedenen Energiezentren (Chakren) zu summen und sie so zu stimulieren und zu reinigen. Positiver Nebeneffekt: Wenn ihr gemeinsam summt, während ihr nebeneinanderliegt, stimmen sich eure Energiekörper aufeinander ein ... und wenn ihr Euch später lieben wollt, geht das nahezu mühelos.

Verschmelzen, Zartheit: Auf der CD *Soma* von Tom Kenyon (Koha Verlag) ist ein besonderer polynesischer Heilgesang zu hören. Das zweite Stück „Healing Waters" bittet darum, dass den Liebenden Manna Loa (die Gnade der Heilung) aus ihrer eigenen Seelenessenz Amakua zufließen möge.

Empfehlung: Sitzt einander gegenüber und umschlingt euch mit euren Beinen (*Yabyum*-Stellung) oder liegt aufeinander, während ihr diesen Heilgesang hört, und stellt euch vor, dass alle Körpergrenzen zwischen euch verschwinden. Atmet ganz leicht und tief durch euren Scheitelpunkt ein und lasst den Atem (mit dem Einatmen) in euren Steiß hineinfließen und von dort (mit dem Ausatmen) wieder zurück zu eurem Scheitelpunkt ... und erlebt dabei, wie die reine sexuelle Energie euch nährt und euch miteinander verschmelzen lässt.

Verzeihen: *Mir und anderen verzeihen* ist eine geführte Meditation von Turiya von Hannover (Innenwelt Verlag, 2002), die die emotionalen Wogen vor dem Liebesspiel glättet. Nutzt dieses geführte Ritual des Verzeihens vor dem Liebesakt, um einander wieder unvoreingenommen begegnen zu können und euch sexuell mit aller Kraft und Unschuld erneut aufeinander einzulassen.

Zärtlichkeit: CDs, auf denen Delfingesänge zu hören sind, schaffen das ideale Ambiente für Zärtlichkeit und liebevolle „Streichelstunden".

Alter schützt vor Liebe nicht,
aber Liebe schützt bis zu einem gewissen Grad vor Alter.

Jeanne Moreau

Forever Young –
Aphrodisiaka, Vitalstoffe und mehr [28]

In einer Umfrage wurden jüngere und ältere Menschen, die ihre Sexualität leben, nach dem Grad ihrer sexuellen Erfüllung gefragt. Die Umfrage ergab, dass der Grad an sexueller Erfüllung mit zunehmendem Alter steigt. Unberücksichtigt blieben in dieser Studie Menschen, die ihre Sexualität gar nicht leben ... und das sind in späteren Jahren möglicherweise mehr als in jüngeren Jahren.[29]

Offenbar werden sexuelle Fähigkeiten durch Lebenserfahrung und möglicherweise auch im Rahmen der eigenen seelischen Entwicklung und Erweiterung des Bewusstseins entwickelt. Möglicherweise wird Sex mit zunehmendem Alter auch besser, weil man sich selbst nicht mehr so wichtig und weil man sich im Alter einfach mehr Zeit für Sex nimmt. Interessant ist, dass gerade bei Frauen der Grad an sexueller Erfüllung im Laufe der Jahre deutlich zunimmt. Männer berichten, dass sich ihre Sexualität verändert habe, da sie mit der Zeit ihre „männliche" Sexualität durch „weibliche" Qualitäten bereichern konnten: Anstelle von Dauerpotenz treten Qualitäten wie Einfühlsamkeit, Zärtlichkeit, zunehmende Freude am Küssen usw.

Ein besonders schöner Film, in dem es um Sexualität und Liebe im Alter geht, ist *Wolke 9* mit Ursula Werner, Horst Rehberg und Horst Westphal (2009).

Mit zunehmendem Alter werden wir immer mehr zu „Sexperten". Deshalb ist es umso bedauerlicher, wenn unsere körperlichen Funktionen es nicht zulassen, dass wir unsere sexuellen Fertigkeiten auch praktizieren. Nicht umsonst sagt man: „Wenn die Jugend wüsste, wenn das Alter könnte!" Doch das muss nicht zwangsläufig so sein. Immer wieder begegnen wir Menschen, die auch im Alter noch sehr aktiv sind, auch sexuell.

Die innere Einstellung unterscheidet aktive Menschen im Herbst des Lebens von Menschen, die sich bereits von ihrer Vitalität verabschiedet haben. Hilfen für die geistige Verjüngung liefert uns das Tao Yoga: Indem wir in unsere Organe hineinlächeln, entlasten wir sie von Schlacken. So die Erkenntnis von Mantak Chia in seinem Buch *Tao Yoga des Heilens*.

Übungen zur Stärkung des Knochenmarks (Knochenmark-Chi-Kung) stärken nicht nur unsere Knochendichte und beugen der Brüchigkeit von Knochen vor. Sie unterstützen auch den Aufbau von weißen Blutkörperchen, die eine entscheidende Rolle in unserem Abwehrsystem spielen. Diese Form des *Chi Kung* ist eine in Europa bisher unbekannte Methode, kosmische Energie in den Knochen zu speichern. Übungen dafür finden Sie in Mantak Chias Buch *Kosmisches Chi Kung*.

Hatha Yoga ist ebenfalls bestens geeignet, um unsere Jugendlichkeit und unsere Vitalität zu erhalten, denn die Vitalität des Menschen hängt in hohem Maße mit seiner Beweglichkeit, insbesondere der Flexibilität seiner Wirbelsäule, zusammen. Hatha Yoga, bei dem der Schwerpunkt auf der Stabilisierung des Hormonhaushalts liegt, wirkt bei Frauen besonders vitalisierend.[30] Wie sehr Jugend und Vitalität mit einer erfüllten Sexualität in Zusammenhang stehen, darüber kannst du mehr in Kurt Tepperweins Buch *Jung und vital bis ins hohe Alter* nachlesen.

Außerdem ist Sport unabdingbar, wenn wir unsere Vitalität erhöhen wollen. Bisher vermutet man, dass Testosteronmangel der Grund für Potenzstörungen in jedem Alter ist. Dieser lässt sich unter anderem auf ganz natürliche Weise durch Fitness – hier insbesondere durch Kampfsport – anregen, die den Stoffwechsel in Gang bringt. Männer, deren

Testosteronwert als „normal" bezeichnet wurde, hatten mit erhöhtem Testosteronspiegel mehr Spaß am Sex! Oftmals sind damit Potenzstörungen nicht automatisch behoben. Wie die in Starnberg praktizierende Ärztin Dr. med. Scheuernstuhl detailliert darlegt, bedeutet mehr Testosteron nicht automatisch auch eine bessere Erektionsfähigkeit. Eine genaue Hormonanalyse (Speicheltest) gibt Auskunft darüber, wo hormonell anzusetzen ist. Im Wesentlichen muss man auch zwischen Medikamenten mit Hormonwirkung und Zugaben von körperidentischen natürlichen Hormonen unterscheiden.[31]

Darüber hinaus ist natürlich eine gesunde Ernährungsweise unabdingbar, wenn wir unseren Körper jung und vital erhalten wollen. Ein Beispiel für Vitalität und Gesundheit durch gesunde Ernährung lieferte Dr. Norman Walker. Er wurde 116 Jahre alt, sein letztes Buch schrieb er mit 112 Jahren und bis zu diesem Zeitpunkt fuhr er täglich Fahrrad. Dr. Walker führte seine Vitalität und sein hohes Alter insbesondere auf seine gesunde Ernährung zurück. Er plädierte für den Genuss von Salaten, Obst, frisch gepressten Säften, reinem Wasser und dafür, weitgehend auf Fleisch zu verzichten. Seine Ernährungslehre wurde weltbekannt. Empfehlen möchten wir an dieser Stelle sein Buch *Auch Sie können wieder jünger werden*.

Mit zunehmendem Alter empfiehlt es sich, darüber nachzudenken, ob man Nahrungsergänzungen einnehmen möchte und diese gegebenenfalls zu testen. Das gilt auch für die nachfolgend aufgelisteten Vitalstoffe. Die Angaben (M) und (F) beschreiben, ob die Wirkung sich eher auf Männer oder auf Frauen bezieht. Sie sind jedoch nur Beispiele, für die keine Haftung übernommen wird. Daher solltest du vor der Anwendung und auch wegen der Dosierung deinen Hausarzt oder Heilpraktiker fragen.

Avena sativa (gemeiner Hafer; M): Der Ernährungsforscher Dr. Reinhard Hittich geht davon aus, dass *Avena sativa* dir helfen kann, die sexuelle Leistungsfähigkeit durch Erhöhung des Testosteronspiegels zu verbessern, die Erholungsphasen zwischen den Liebesakten zu verringern, die Intensität der sexuellen Aktivität zu erhöhen, das sexuelle Verlangen zu steigern und den biologischen Aspekt des Orgasmus zu verstärken.[32]

Arginin (M, F): Hierbei handelt es sich um eine Aminosäure, die die Stickoxidspeicher im Organismus wieder auffüllt. Stickoxidmangel ist eine der Hauptursachen für Bluthochdruck und Impotenz beziehungsweise Erektionsschwächen. Stickoxid ist ein kleines Molekül, das für die Entspannung der Gefäßwände sorgt und damit lokal begrenzt eine erhebliche Durchblutungssteigerung – und damit eine Erektion – ermöglicht. Diese Entspannungsfähigkeit der Gefäße geht mit zunehmendem Alter und mit zunehmender Abnahme des Stickoxidspiegels verloren. So kommt es, dass Männer, wenn sie älter werden, gehäuft unter Erektionsstörungen leiden. Arginin wirkt diesen entgegen. Bei Frauen stimuliert Arginin die Thymusdrüse, die Hormonproduktion und führt ebenfalls zu einer Steigerung von Vitalität und Libido.

Brennnesselextrakt (Urtica; M): Dieses Extrakt vermindert die Eiweißbindung des Sexualhormons Testosteron. Gebundenes Testosteron ist unwirksam. Je weniger Testosteron gebunden ist, desto mehr werden seine positiven Effekte in den Bereichen „Vitalität" und „Liebe" spürbar.

Cnidium (Brenndolde; M): *Cnidium* wurde in den letzten Jahren bekannt als das „pflanzliche Viagra". Es verbessert die Erektionen.

Cordycepsextrakt/-pulver (Raupenpilz; M, F): Cordyceps ist ein Pilz, der ursprünglich aus dem tibetischen Hochland stammt, heute aber auch in einigen Provinzen Chinas und in Indien zu finden ist. Er unterstützt die Niere und wirkt wohltuend bei mangelnder Willenskraft und fehlender Motivation, bei Angst, Sorge und bei einem Gefühl der Leere. Diese emotionalen Dissonanzen resultieren oft aus einer Nierenschwäche. Studien belegen außerdem die stimulierende Wirkung des

Raupenpilzes auf die Hormonausschüttung der Nebennierenrinde und einen stresshemmenden Effekt. Nach lang andauernden Erkrankungen und starken Belastungen hilft *Cordyceps* bei der Regeneration des Körpers; der Pilz stimuliert das Immunsystem, steigert die Ausdauer und sportliche Leistungsfähigkeit, fördert die Erholungsfähigkeit des Muskelgewebes, wirkt antidepressiv – ist also ein wahrer Energielieferant für Körper und Geist. Der Raupenpilz hat zudem eine anregende Wirkung auf die Geschlechtsorgane, die Produktion von Geschlechtshormonen und auf das neurologische System. In der Traditionellen Chinesischen Medizin wird der Raupenpilz seit Jahrhunderten als Tonikum eingesetzt und ist auch als Aphrodisiakum bekannt.

Damiana (Turnera diffusa; F): Bei diesem gelbblühenden Strauch handelt es sich um eine Heilpflanze, die in Mexiko seit Langem als Aphrodisiakum für Frauen bekannt ist und positiv auf das gesamte Hormonsystem und stimmungsaufhellend auf das Gemüt wirkt.

Engelwurz (Angelica archangelica; F): Eine Abart dieser Pflanze wird in China auch *Dong Quai* genannt und dort seit Jahrhunderten bei vielen Frauenleiden eingesetzt. Es stimuliert das weibliche Genitalsystem.

Eisen (F): Bei Frauen entsteht oft – bedingt durch die Menstruation – ein Eisenmangel. Eisen ist für den Sauerstofftransport und Aufbau der roten Blutkörperchen bedeutsam.

Ginseng (M, F): Ginseng führt zur vermehrten Freisetzung aktivierender Neurotransmitter (Botenstoffe) im Gehirn. Dadurch sind wir wacher, reagieren schneller und springen leichter auf (sexuelle) Reize der Umgebung an. Ginseng lindert zudem die Folgen von Stress und wirkt verjüngend. Das steigert den sexuellen Genuss und regt die Nebennieren zur Produktion von Sexualhormonen an. Ein alter indischer Text behauptet, dass diese Wurzel den Männern die Kraft eines Stieres verleihe.

Ginkgo biloba (M, F): Die Blätter dieses heiligen Baums aus China haben eine erweiternde Wirkung auf die Kapillargefäße, fördern also die Durchblutung, verzögern viele Alterungsprozesse und wirken stimulierend auf die Botenstoffe im Gehirn.

Grüne Smoothies (M, F): Für eine erfüllte Sexualität ist es wichtig, dass die Energie gut durch unseren ganzen Körper fließt. Ein Übermaß an Kohlehydraten und gekochter Nahrung wirkt sich eher blockierend auf den Energiefluss aus. Smoothies aus grünem Blattgemüse, anderem Gemüse, (Wild-)Kräutern und Obst werden in einem leistungsstarken Mixer zubereitet und versorgen uns mit allem, was wir brauchen: Sie sind ein wahres Füllhorn an Vitalstoffen – ungesättigten Fettsäuren, Vitaminen, Mineralstoffen, Spurenelementen, Enzymen und Antioxidantien – sowie Ballaststoffen, Proteinen und Kohlenhydraten ...

Buchempfehlung: *Grüne Smoothies: lecker, gesund & schnell zubereitet* von Victoria Boutenko

Homöopathische Hilfe findest du in *Eros und sexuelle Energie durch Homöopathie* von Peter Raba. Eine Fülle von Anregungen enthält Maria Schäfgens Buch *Kommen Sie doch, wie Sie wollen ...* und weitere Informationen kannst du dem Audio-Vortrag *Sexuelles Versagen* von Andreas Krüger entnehmen, den du unter *www.homsym.de* erhältst.

Kalzium (F): wichtig für die Hormonausschüttung im Stoffwechsel der Frauen.

Maca (Lepidium peruvianum Chacon; M, F): Die Wurzelknollen von Maca, auch „Makka" geschrieben, werden schonend getrocknet, gerieben und nicht erhitzt. Das so gewonnene Macapulver ist außerordentlich nahrhaft, insbesondere reich an essenziellen Mineralien und war bereits bei den Inkas bekannt für seine fruchtbarkeitsfördernden Eigenschaften. Die traditionelle peruanische Kräutermedizin verwendet Maca als Immunstimulans und bei Wechseljahresbeschwerden. Seine tonisierende

Wirkung baut sich über längere Zeiträume auf. Von der Maca-Wurzel sind also keine Instant-Wunder zu erwarten, das Pulver steigert die Vitalität und Libido vielmehr kontinuierlich über Wochen hinweg.

OPC (M, F): Oligomere Proanthocyanidine (OPC) zählen zu den stärksten Antioxidantien. Sie tragen dazu bei, Gefäßschäden mit Durchblutungsstörung zu bereinigen und allgemeine Folgen von Stress abzubauen. OPC wirkt sich vorteilhaft auf die Libido von Mann und Frau aus.

Potenz aus der Küche (M, F): Ananas, Artischocke, Avocado, Chili, Curry, Datteln, Eier, Erdbeeren, Feigen, Granatapfel, Honig, Ingwer, Kokosnuss, Möhren, Bananen, Muskatnuss, Nelken, Nüsse, Petersilie, Pfeffer, Safran, Sellerie, Senf, Trauben, Trüffel, Vanille, Zimt, Zwiebel.
Buchempfehlung: *Aphrodisiaka. Potenter Liebeszauber aus der Küche* von Alexa Adore und Joe Toro

Potenzholz (M, F): Hierbei handelt es sich um das Holz des strauchartigen Baumes aus Amazonien, das dort bekannt ist unter dem Namen *Muira puama*. Das Potenzholz wirkt vorzugsweise auf den Beckenbereich und erhöht die Sensibilität erotischer Empfindungen. Eine wohltuende Begleiterscheinung dieses Naturmittels ist, dass es die Nerven beruhigt und Stress mindert.

Sägepalmen-Extrakt (Serenoa repens; M): Den öligen Auszug aus Beeren der amerikanischen Sägepalme, die in Florida beheimatet ist, benutzten die Indianer als Mittel gegen mangelnden Geschlechtstrieb des Mannes und zur Unterstützung der Prostata. Sägepalmen-Extrakt beugt Prostataproblemen vor, sofern in der Prostata noch keine Störungen vorhanden sind.

Testis tauri (M): Dem Stierhoden in homöopathischer Form wird nachgesagt, dass er den Hoden Kraft gebe. Es handelt sich hierbei um ein relativ neues, aber viel gelobtes Mittel. Männer, die dieses Mittel ausprobiert haben, berichten über eine gesteigerte Präsenz in ihren Genitalien. Sollten psychisch bedingte sexuelle Blockaden bestehen, empfiehlt es sich, vor Einnahme von *Testis tauri* in Absprache mit einem Homöopathen ein anderes homöopathisches Mittel einzunehmen.[33]

Tribulus terrestris (Erd-Burzeldorn; M, F): Die Produktion von Testosteron in den Hoden wird durch das Luteinisierende Hormon (LH) angeregt. LH wird von der Hirnanhangsdrüse (Hypophyse) produziert. Bestimmte Zellen der Hoden reagieren auf LH mit gesteigerter Testosteronbildung. Leider ist es jedoch so, dass diese Zellen mit zunehmendem Alter immer träger auf die LH-Stimulation reagieren und immer weniger Testosteron bilden. Tribulus, insbesondere wenn es reich an Protodioscin ist, macht die Zellen der Hoden wieder empfänglicher für die LH-Stimulation. Das wirkt sich förderlich auf die Libido aus. In Indien wird Tribulus auch *Ikshugandha* genannt und dort seit Jahrtausenden zur Behandlung von sexuellen Problemen bei Männern und Frauen verwendet. Die Wirkung von Tribulus kann Verstärkung erfahren durch die gleichzeitige Einnahme von *Mucuna pruriens* (die Juckbohne, auch bekannt als pflanzliches Viagra).

Yohimbe (M): Seit Jahrhunderten wird eine Teezubereitung aus der inneren Rinde dieses westafrikanischen Baumes verwendet, um Männlichkeit und sexuelle Kraft zu erhöhen. Sie wird auch bei sexuellen Stammesritualen getrunken. Diese dauerten bis zu 14 Tage lang! William Boericke, ein amerikanischer Arzt und der Verfasser einer der größten homöopathischen Arzneimittellehren, schrieb 1927 über Yohimbe: „Regt die Sexualhormone an und wirkt auf Zentralnervensystem und Atemzentrum. Ein Aphrodisiakum in physiologischen Dosen, aber kontraindiziert bei allen akuten und chronischen Entzündungen der Bauchorgane."[34] Wie wirkt Yohimbin? Es hemmt das alpha-2-adrenergene System, was den Blutfluss durch die Arterien in das Glied erhöht, während gleichzeitig der Abfluss des Blutes in die Venen gedrosselt wird. Darüber hinaus führt die Alpha-2-Blockade zu Anreicherung von Acetylcholin, einem Gegenspieler des Adrenalin und Nervenbotenstoff, der eng mit dem Vorgang der Erektion verknüpft ist. Es erhöht den Blutspiegel des Nervenbotenstoffs Noradrenalin. Noradrenalin stimuliert das Sexualzentrum des Gehirns im Hypothalamus und gilt als einer der pro-sexuellen körpereigenen Stoffe. Es wirkt zudem stimmungsaufhellend. Außerdem fördert es durch arterielle Gefäßerweiterung den Blutzufluss ins Glied. Weitere Wirkung: Anregung des „Sex-Zentrums" im Gehirn.

Zink (M): Zink unterstützt die Bildung von Sexualhormonen und wirkt positiv auf den Eiweißhaushalt. Zinkmangel kann zu erheblichen Störungen im Testosteronstoffwechsel führen. Darüber hinaus führt jeder Samenerguss zu einer erheblichen Belastung im Zinkhaushalt des Mannes, der vorgebeugt werden kann.

Ziegenkraut (Epimedium grandiflorum; M): Ziegenkraut fördert die Lust des Mannes. Es ist in den USA bekannt als *Horny Goat Weed*.

Zum Abschluss: Drei Dinge, so sagen die Weisen, sind wichtig für Vitalität bis ins hohe Alter – gesundes Essen und Trinken (hochwertiges Wasser!), ein gesunder Schlafplatz und gesunde Luft. Doch alle Hilfsmittel nutzen nur, wenn wir es auch wollen, wenn wir uns unsere Neugierde auf das Leben bewahren und täglich bereit sind, dazuzulernen und unsere Lebensfreude zu kultivieren, zum Beispiel indem wir tanzen gehen oder die Natur genießen.

Fragst du: „Was ist Liebe?",

sage ich: „Den Eigenwillen aufzugeben."

Rumi

Statt eines Nachwortes: Liebesakt in Prosa

Wenn Du allein bist, öffne dein Herz für deinen Geliebten ...
So, als wäre er bei dir und würde dich liebkosen.
Rufe ihn in Gedanken mit der Zunge der Gedanken:
„Komm, meine Sehnsucht, komm!"
Ob du allein lebst oder in einer festen Partnerschaft,
lebe so, als wäre dein Geliebter ständig um dich,
spüre seinen männlich-würzigen Duft/ihren Rosenduft in deiner Aura
und antworte im Geiste auf seine Liebkosungen.
Wenn du abends im Bett liegst, beobachte deinen Atem.
Lass deinen Atem und damit deine Bewusstheit
durch alle Teile deines Körpers wandern.
Werde weit und durchlässig, schaffe Raum in dir ...
Und stell dir vor, wie dein Geliebter mit dir atmet,
Spüre sein Fleisch, die Kraft oder die Süße des geliebten Menschen.

VORBEREITUNG

Bevor du deinen Geliebten triffst,
bereite deine Räume mit Kerzen vor,
mit Duft von Amber und Rosen, schaffe Atmosphäre,

wähle gute Musik, bereite ein gutes leichtes Mahl,
liebe und pflege dich selbst,
hülle dich in wundervolle Wäsche.
Denke noch einmal
an die schönsten erotischen Augenblicke deines Lebens ...
an all die Augenblicke, in denen du als Frau
oder als Mann geehrt wurdest.
Und denke an all das Gute,
das du deinem Geliebten zu verdanken hast:
Denke an die Vorzüge, das Liebevolle,
das in deinem Geliebten verborgen ist.
Erfülle dich mit Freude, Demut und Dankbarkeit
für das Fest der Liebe,
aber lass Raum, halte die Freude in dir,
damit er sich entfalten kann.
Öffne dein Herz weit dafür
sodass der Geliebte bei dir er selbst sein darf.
Danke dem Göttlichen,
dass dein Herz Liebe und Freude verströmen darf.

BEGEGNUNG

Wenn der Geliebte kommt, sage ihm,
wie schön seine Anwesenheit für dich ist,
öffne dein Hören für all das, was dein Geliebter dir mitzuteilen hat,
interessiere dich wirklich für diesen Menschen,
lass alle Urteile und Meinungen beiseite...
lass die Welt um dich herum versinken,
lass dich ganz ein auf seine Einzigartigkeit, trinke seine Worte.
Lass deine Augen weich und sanft sein wie der Mond,
der das Licht der Sonne spiegelt.
Sieh deinen Geliebten mit den Augen der Seele an,
die nur Schönheit sehen,

lass deine Augen über seinen Körper wandern wie Schmetterlinge ...
zart, tastend, liebend verwandelnd.
Streichle den Geliebten mit den Augen,
sodass alles, was du siehst,
sich durch deinen Blick in strahlende Schönheit verwandelt,
erhebe den Geliebten mit deinem Blick,
wo immer deine Augen hinschauen
mache von der verwandelnden Kraft deiner Augen Gebrauch:
„Ich sehe dich schön."

EINLASSEN

Vor dem Liebesakt geht in die Stille des Geistes.
Taucht ein in eure Tiefe wie Steine, die in einen Mondsee fallen.
Lasst alle Gedanken des Alltags in dieser Tiefe los.
Verharrt in der Tiefe und in dem Frieden des Geistes
bis zum Urgrund der Schöpfung selbst.

Und dann: Nimm deinen Atem wahr und den Atem des Geliebten
und mit dem Atem lass dein Mitgefühl aufsteigen.
Nimm Anteil an dem Leben des Wesens, das dir gegenübersitzt.
Und verbinde dich mit dem Schatten,
der im Verborgenen deines Geliebten lebt.
Denke: „Ich nehme dich mit allem, was du bist,
ich nehme dich voll und ganz an."
Und wenn du ihm gegenüber etwas Unvollkommenes
oder Unangenehmes spürst,
atme es ein, begrüße es, wirf es in die innere Sonne ...
und schenke dem Geliebten dafür im Ausatmen
das Lächeln eines Schmetterlings.

BERÜHRUNG

Vor der körperlichen Berührung
kommt die seelische und die des Geistes –
wer dies nicht versteht, hat verfehlt.
Versucht, mit den inneren Sinnen in die Seele
des geliebten Menschen hineinzufinden.
Erfühlt die Vollkommenheit und Schönheit Gottes
hinter dem Schein ...

Und nun: Ist das Wesen erfasst, spüre deinen sexuellen Punkt,
deine Urkraft im Hara ...
von dort aus fahre deine inneren Sensoren aus,
um den sexuellen Punkt des Geliebten zu spüren ...
versetze mit deinem Bewusstsein
den sexuellen Punkt des Geliebten in Schwingung,
bis dir sexuelle Vibrationen entgegenströmen:
Die Energie beginnt zu steigen.
Berühre deinen Geliebten wie das kostbarste Juwel,
atme dabei in deine Hand hinein.
Gehe in den inneren Raum
und lass deine Hände die Bewegungen führen ...
streiche sanft und voller Bewusstheit über den Körper des Geliebten
und erlaube deinen Händen,
ihn zum Zittern und Erbeben zu bringen.

LIEBKOSUNG

Legt eure Lippen lose aneinander,
nehmt den gemeinsamen Atem wahr.
Wartet im Hauch auf die erste zarte Begegnung.
Legt alle nicht gesagten Liebesworte der Welt
in die Zartheit der ersten Begegnung ...
öffnet einander die Lippen, ohne zu wollen ...

lasst die Lippen los,
spürt in den Augenblick vor dem ersten Kuss hinein.
Nehmt die Lippen der Geliebten wie die eigenen an ...
behutsam, scheu beginnt den Tanz der Lippen,
beginnt einander zu trinken ...
verharrt beim Küssen im reinen Sein wie im ewigen Leben ...
lasst die Lippen eure Lehrer sein,
gebt alle Hingabe der Welt in den Kuss.

Für ihn:

Küsse die Yoni der Frau wie das Delta der Göttin.
Verehre ihren Blütenduft wie das kostbarste Ambrosia.
Spiele zart, lecke an ihr wie an einem kostbaren Eis ...
und lass Zunge und Yoni miteinander SEIN in Liebe.

Für sie:

Verehre den Lingam wie den Rüssel des heiligen Ganesha.
Bewundere ihn, wenn er schlaff ist,
und bewundere ihn, wenn er steif wird.
In zarter Liebkosung denke:
„Ich bewundere dich, dass du ein Mann bist" ...
und dann spiele auf seiner Flöte die zartesten Melodien.

VEREINIGUNG
Für ihn:

Versenke dein Jadeschwert in der Yoni ...
Es ist wie ein tiefes Nach-Hause-Kommen.
Erfühle die zarte Reibung rund um deinen Lingam,
langsam, tief, genieße ...
Spüre die feinen Ströme, die zwischen Yoni und Lingam fließen,
während der Stößel in dem Mörser tanzt.

Für sie:
Öffne deine Lotosblüte,
spüre die Sehnsucht in dir, ausgefüllt zu sein.
Öffne deinen Geist für den Geist des Mannes: „Hier darfst du sein."
Und spüre das energetische Pulsen, wenn der Lichtstab in dir steckt.
Erlaube deinem Atem tiefer zu gehen,
öffne den Mund, erlaube dir,
zu stöhnen, zu atmen, zu summen, zu tönen ...
und warte auf die Beckenbewegung des Geliebten ...
antworte auf sie ... mal stark, mal zart,
lasst eure Becken zu EINEM Instrument werden.

Verharrt bewusst im Hier und Jetzt wie im ewigen Leben,
frei von Bildern und Gedanken.
Widersteht in den ersten Minuten dem Drang,
seid behutsam, treibt nichts voran ...
und erlaubt der Leidenschaft, langsam, aber stetig zu wachsen,
bis der wilde Tanz von selbst beginnt.

EKSTASE

Tiefer und tiefer geht der Atem, zwei Körper werden zu einem,
dein Gesicht spiegelt sich im Antlitz des Geliebten ...
Seht einander liebend an und es wird euch erregen.
Gebt euch mit den Augen Signale ...
Und wenn ES geschieht, lasst los, lasst euch erschüttern ...
wie Bäume im Herbstwind, lasst euch schütteln, erzittert wie Laub ...
gebt euch hin, vertieft den Akt,
weint, lacht, betet, dankt dem geliebten Menschen,
dass er dies für euch bereitet.
Erlaubt euch, erschüttert zu sein.
Fliegt ins Weltall hinaus und lasst euch in den Erdenschlund fallen.
Sterbt im Höhepunkt, als sei dieser der letzte Augenblick des Lebens.

Gebt alles, was ihr seid,
gebt wahrlich alles ...
Wer beten kann, kann lieben,
betet im Lieben als ginge es um euer Leben.

NACHSPIEL

Liegt zusammen und berührt euch in eurer Tiefe.
Teilt die Liebe, lasst eure Grenzen sich auflösen.
Seht die Schönheit, streichelt einander wohlwollend:
„Oh mein Tiger/meine Tigerin[35], dich und nur dich liebe ich jetzt.
Durch dich steige ich auf zum Drachen,
durch dich sammle ich die Kräfte des Tigers,
du lässt mich den Mond/die Sonne anbeten,
du weckst heiliges Entzücken in mir,
durch dich werden alle Bäume grün ... auch im Winter,
du säumst meinen Weg mit Rosen,
die ich unter meinen Füßen spüre, wenn ich nur an dich denke."
Schweigt, sprecht nicht, auch wenn euch danach ist.
Nehmt in der Stille des Schweigens die Tiefe der Liebe auf.
Spürt den subtilen Strömen nach ...
und den Magnetfeldern der Liebe – stundenlang.
Und dann, wenn ihr euch gelöst habt,
spüre du, Frau, die Lichtsäule in deiner Yoni und
spüre du, Mann, das subtile Genährtsein in deinem Lingam ...
und geht dann in stillem Gebet an euren Geliebten
eurem Tagwerk nach.

Anmerkungen

Die den einzelnen Kapiteln voranstehenden Zitate stammen, wenn nicht anders bezeichnet von Klaus Jürgen Becker

1 Die Pelasger waren in der Antike eine der ältesten Bevölkerungsgruppen Griechenlands.
2 Siehe Lucius Apuleius und August Rode: *Der goldene Esel*, 4,28-6, 34
3 Siehe Klaus Jürgen Becker: *Ho´oponopono. Die Kraft der Selbstverantwortung*
4 Weitere Informationen über Lemurien findest du in den Büchern von Dietrich von Oppeln-Bronikowski und in dem Buch des Channelmediums Lazaris (siehe Literaturverzeichnis, Seite 186 ff.).
5 Lesenswert zum Thema „Atlantis" ist Marion Zimmer Bradleys Roman *Das Licht von Atlantis*.
6 Lesenswert zum Thema „altes Ägypten" ist Elisabeth Haichs Roman *Einweihung*.
7 Siehe Erich von Däniken: *Die Götter waren Astronauten* und Johannes von Butlar: *Zeitsprung*
8 Siehe http://www.hagalil.com/judentum/talmud/judentum.htm
9 Siehe Tom Kenyon und Judi Sion: *Das Manuskript der Magdalena*
10 Siehe Tom Kenyon und Judi Sion: *Das Manuskript der Magdalena*
11 Siehe Elaine Pagels: *Versuchung durch Erkenntnis*
12 Siehe Jean-Yves Leloup: *Das Evangelium der Maria Magdalena*
13 Siehe Leila Dregger, www.weibliche-stimme.de, www.zegg.de
14 Heinrich Elijah Benedikt: *Die Kabbala als jüdisch-christlicher Einweihungsweg*, Seite 227 f.
15 Khalil Gibran: *Der Prophet*, Patmos Verlag, Seite 13
16 Nach einer Studie der McGill-Universität, Montreal/Kanada. Siehe Prof. Dr. med. Johannes Huber und Dr. med. Michael Klentze: *Die revolutionäre Snips-Methode*
17 Siehe Dr. med. Ulf Böhmig: *Naturnahe Behandlung. Aufbau von Abwehrkräften. Natürliche Wege zu körperlichem und seelischem Gleichgewicht*
18 Siehe Krishananda Trobe und Amana Trobe: *Wenn Sex intim wird*
19 Diese Geschichte erzählt Klaus Jürgen Becker.
20 Siehe Andreas Krüger und Klaus Jürgen Becker, *Ikonen der Seele*
21 Siehe auch Mantak Chia und Douglas Abrams Arava: *Öfter, länger, besser. Sextipps für jeden Mann*

22 Der *Big Draw* ist beschrieben in Michaela Riedls Buch *Yoni Massage*, Seite 113 ff. sowie in *Lingam Massage* (S. 174) von Michaela Riedl und Klaus Jürgen Becker.

23 Siehe Tom Kenyon und Judi Sion: *Manuskript der Magdalena*

24 Siehe Luise Reddemann: *Psychodynamisch Imaginative Traumatherapie: PITT – das Manual*

25 Klaus Jürgen Becker bietet „sexuelle Nachnährungen" für Frauen an und, mit seiner Partnerin gemeinsam, „Nachnährungen für das innere Kind". Siehe unter www.klausjürgenbecker.de

26 Erhältlich unter www.spirituelle-reisen.de

27 Erhältlich unter www.tantra.de

28 Mit den Empfehlungen, die du in diesem Kapitel findest, haben wir persönlich gute Erfahrungen gemacht. Trotz allem können wir für ihre Wirkung keine Verantwortung übernehmen. Bitte konsultiere auf jeden Fall deinen Arzt oder Heilpraktiker und stimme dich mit ihm ab, bevor du eines der Mittel anwendest.

29 Siehe dazu: „Wie wandelt sich Sexualität im Alter?" in: *Fundiert. Das Wissenschaftsmagazin der freien Universität Berlin*; www.elfenbeinturm.net/archiv/2004/06.html

30 Siehe dazu *Yoga für Frauen in der Lebensmitte* von Gaby Brecht. Gaby Brecht gibt auch Kurse in Hormonyoga in Schondorf; weitere Informationen findest du unter www.yoveda.de.

31 Siehe auch in Dr. med. Annelie Scheuernstuhl und Anne Hild: *Natürliche Hormontherapie: Alles Wissenswerte über Hormone, die Ihre Gesundheit nebenwirkungsfrei ins Gleichgewicht bringen können*.

32 Siehe dazu http://www.greenpower24.com

33 Ein erfahrener Heilpraktiker, der, falls angezeigt, *Testis tauri* verschreibt. ist Andreas Krüger in Berlin. Siehe www.andreaskruegerberlin.de.

34 Zitiert nach www.alternativen-fuer-viagra-bei-impotenz.com/Yohimbe

35 Du kannst das Wort „Tiger" einfach durch das Krafttier deiner Wahl wie z. B. Bär, Antilope, Adler oder Ähnliches ersetzen.

Literaturverzeichnis

Adore, Alexa; Toro, Joe: *Aphrodisiaka. Potenter Liebeszauber aus der Küche.* Flexible Literature, 2009

Adore, Alexa; Toro, Joe: *Die Kunst des schmutzigen Gesprächs: Dirty Talk.* Flexible Literature, 2005

Alfassa, Mirsa, und Satprem: *Mutters Agenda. 1951-1973.* 13 Bände. Aurinia Verlag, 2005

Allen, Marcus: *Tantra für den Westen. Der direkte Weg zur persönlichen Freiheit.* rororo Taschenbuch, 2000 (vergriffen)

Allione, Tsültrim: *Den Dämonen Nahrung geben. Buddhistische Techniken zur Konfliktlösung.* Goldmann Verlag, 2009

Apuleius, Lucius; Rode, August: *Der goldene Esel.* Marixverlag, 2009

Bach, Richard: *Illusionen.* Ullstein Verlag, 1989

Becker, Klaus Jürgen: *Ho´oponopono. Die Kraft der Selbstverantwortung.* RiWei Verlag, 2009

Benedikt, Heinrich Elijah: *Die Kabbala als jüdisch-christlicher Einweihungsweg. Band 2: Der Lebensbaum – Spiegel des Kosmos und des Menschen.* Ansata Verlag, 2004

Berlinghof, Regina: *Mirjam. Maria Magdalena und Jesus.* Verlag Dietmar Klotz, 2004

Böhmig, Dr. med. Ulf: *Naturnahe Behandlung. Aufbau von Abwehrkräften. Natürliche Wege zu körperlichem und seelischem Gleichgewicht.* Orac Verlag, 1987

Boutenko, Victoria: *Grüne Smoothies: lecker, gesund & schnell zubereitet.* Hans-Nietsch-Verlag, 2010

Brecht; Gaby: *Yoga für Frauen in der Lebensmitte. Mit Übungen zur Hormonbalance.* Moderne Verlagsgesellschaft, 2008

Butlar, Johannes von: *Zeitsprung. Auf der Jagd nach den letzten Rätseln unseres Lebens,* Bertelsmann, 1977 (vergriffen).

Byron Katie: *The Work. Wie vier Fragen Ihr Leben verändern können.* Goldmann Verlag, 2002

Byron Katie, mit Mitchell, Stephen: *Lieben was ist. Wie vier Fragen Ihr Leben verändern können.* Goldmann Verlag, 2002

Chia, Mantak: *Kosmisches Chi Kung. Heilung durch die Kräfte von Himmel und Erde.* Lotus Verlag, 2004

Chia, Mantak: *Tao Yoga des Heilens. Die Kraft des Inneren Lächelns. Die Sechs Heilenden Laute. Die Praxis der Chi-Massage.* Ansata Verlag, 2000

Chia, Mantak, und Arava, Douglas Abrams: *Öfter, länger, besser: Sextipps für jeden Mann*. Droemer Knaur, 2009

Childre, Doc, und Rozman, Deborah: *Stressfrei mit Herzintelligenz. Gelassen und stressfrei in 5 Schritten*. VAK-Verlag, 2010

Clement, Ulrich: *Guter Sex trotz Liebe. Wege aus der verkehrsberuhigten Zone*. Ullstein Taschenbuch 2008

Conrad, Sheree, und Milburn, Michael: *SQ. Sexuelle Intelligenz*. Ullstein Taschenbuch, 2003

Däniken, Erich von: *Die Götter waren Astronauten. Eine zeitgemäße Betrachtung alter Überlieferungen*. Goldmann Verlag, 2003

Die Lazaris-Botschaft. *Ein Geistwesen als Führer zum Höheren Selbst*. Goldmann Verlag, 1995

Fredriksson, Marianne: *Maria Magdalena*. Fischer Taschenbuch, 2007

Gibran, Khalil: *Der Prophet*. Patmos Verlag, 2010

Hagens, Lynn: *Perfekt im Bett. So machen Sie ihn beim Sex wirklich glücklich*. humboldt, 2008

Haich, Elisabeth: *Einweihung*. Goldmann, 2009 (Roman)

Henderson, Julie: *Das Buch vom Summen. The Hum Book*. AJZ Druck und Verlag, 2007

Hittich, Dr. Reinhard: *Wie wilde grüne Pflanzen Energie und Gesundheit für immer geben können. Überlebensmittel für das 21. Jahrhundert*. Green Power, 2002

Huber, Prof. Dr. med. Johannes; Klentze, Dr. med. Michael: *Die revolutionäre Snips-Methode. Genetisch bedingte Gesundheitsrisiken erkennen und aktiv gegensteuern*. Verlag Südwest, 2005

Kaye, Linda: *Sexy Love Affirmations: The Cookbook for Love, Sex, and Romance*. Authorhouse, 2006

Kenyon, Tom; Sion, Judi: *Das Manuskript der Magdalena. Die Alchemie des Horus und die Sexualmagie der Isis*. Koha Verlag 2003

Keesling, Barbara: *Sex Talk. Sagen Sie, was Sie wollen – und genießen Sie aufregenden Sex*. Ariston Verlag, 2005

Kerner, Ian: *Mehr Lust für sie. Was Frauen beim Sex verrückt macht*. Goldmann Verlag, 2005

Krüger, Andreas; Becker, Klaus Jürgen: *Ikonen der Seele 1: Schamanische, wunderorientierte Aufstellungen und Rituale*. RiWei Verlag, 2010

Langbein, Walter-Jörg: *Maria Magdalena. Die Wahrheit über die Geliebte Jesu*. Aufbau Verlag 2007

Leloup, Jean-Yves: *Das Evangelium der Maria Magdalena. Die spirituellen Geheimnisse der Gefährtin Jesu*. Heine Verlag, 2008

Long, Barry: *Sexuelle Liebe auf göttliche Weise.* Neue Erde Verlag, 2004

Ludwiger, Illubrand von: *Das neue Weltbild des Physikers Burkhard Heim.*
Unsterblich in der 6-dimensionalen Welt. Komplett Media, 2006

Markham, Jules: *Sensual Roleplay.* Spire Publishing, 2008

Marx, Susanne: *Klopfen befreit. EFT klar und verständlich.* VAK 2007

Moeller, Michael Lukas: *Die Wahrheit beginnt zu zweit. Das Paar im Gespräch.*
rororo Taschenbuch, 1992

Mohr, Bärbel: *Sex wie auf Wolke 7. Eine Gebrauchsanweisung.* Koha, 2007

Morin, Jack: *Erotische Intelligenz.* Goldmann Verlag, 1999 (vergriffen)

Nietzsche, Friedrich: *Also sprach Zarathustra.* Reclam Verlag, 1986

Oppeln-Bronikowski, Dietrich von: *Lemuria. Das Land des goldenen Lichts.*
Falk Verlag, 1997

Oppeln-Bronikowski, Dietrich von: *Die Kristallstädte von Lemuria. Die Univer-*
sitäten des Wissens im Magischen Tal. Falk Verlag 1998

Pagels, Elaine: *Versuchung durch Erkenntnis. Die gnostischen Evangelien.*
Suhrkamp Verlag, 2000 (vergriffen)

Osho: *Das Yoga Buch. Die Geburt des Individuums.* Innenwelt Verlag, 2010

Raba, Peter: *Eros und sexuelle Energie durch Homöopathie.*
Andromeda Verlag, 2001

Ranke-Heinemann, Uta: *Eunuchen für das Himmelreich. Katholische Kirche*
und Sexualität. Heyne Verlag, 2000

Reddemann, Luise: *Psychodynamisch Imaginative Traumatherapie: PITT – das*
Manual. Leben Lernen 167. Klett-Cotta, 2008

Reiland, Christian: *EFT – Klopfakupressur für Körper, Seele und Geist. Mit*
DVD. Goldmann Verlag 2006

Riedl Michaela; Becker, Klaus Jürgen: *Lingam Massage. Die Kraft männlicher*
Sexualität neu erleben. Hans Nietsch Verlag, 2008

Riedl, Michaela: *Yoni Massage. Entdecke die Quellen weiblicher Liebeslust.*
Hans Nietsch Verlag, 2006

Riemann, Fritz: *Grundformen der Angst. Eine tiefenpsychologische Studie.*
Reinhard, 2009

Rother, Gabriele; Rother, Robert: *Klopf-Akupressur. Schnelle Selbsthilfe mit*
EFT. Gräfe & Unzer, 2007

Saint-Exupéry, Antoine de: *Der kleine Prinz.* Karl Rauch Verlag, 2008

Schäfgen, Maria: *Kommen Sie doch, wann Sie wollen ... Homöopathische Wege*
zur Potenz. Orlanda Frauenverlag, 2008

Schäfgen, Maria: *Kommen Sie doch, wie Sie wollen ... Homöopathische Wege*
zur weiblichen Lust. Orlanda Frauenverlag, 2008

Scheuernstuhl, Dr. med. Annelie, und Hild, Anne: *Natürliche Hormontherapie. Alles Wissenswerte über Hormone, die Ihre Gesundheit nebenwirkungsfrei ins Gleichgewicht bringen können.* Kamphausen Verlag, 2010

Schnarch, David: *Die Psychologie sexueller Leidenschaft.* Piper Verlag, 2009

Tepperwein, Kurt: *Das große BodyFit-Buch für Körper und Seele.* mvg Verlag, 2007

Tepperwein, Kurt: *Jung und vital bis ins hohe Alter.* Silberschnur Verlag, 2000

Torelli, Manuela: *Sananda. Maria Magdalena – meine große Liebe.* Die Weiße Bruderschaft, 2004

Trobe, Krishananda; Trobe, Amana: *Wenn Sex intim wird. Die drei Stufen zur erfüllten Partnerschaft.* Innenwelt Verlag, 2008

Walker, Dr. Norman W.: *Auch Sie können wieder jünger werden.* Goldmann Verlag, 1993

Walker, Dr. Norman W.: *Frische Frucht- und Gemüsesäfte. Vitalstoffreiche Drinks für Fitness und Gesundheit.* Goldmann Verlag, 1995

Walker, Dr. Norman W.: *Täglich frische Salate erhalten Ihre Gesundheit.* Goldmann Verlag, 1993

Wilber, Ken: *Eine kurze Geschichte des Kosmos.* Fischer Taschenbuch, 2004

Zimmer Bradley, Marion: *Das Licht von Atlantis.* Bastei Lübbe Verlag, 2007 (Roman)

Über die Autoren

Klaus Jürgen Becker war Vertriebsleiter einer Aktiengesellschaft, als ein entscheidendes Erlebnis seine Beziehung zur Sexualität und zu seinem Körper deutlich veränderte: Im Jahr 1989 erhielt er eine Reihe von Behandlungen von einer Praktikerin der Posturalen Integration (PI). Das Ziel von PI ist es, den Körper mithilfe von tiefer Berührung und Atmung von erstarrten Strukturen zu befreien und in seine ursprüngliche Lebendigkeit zurückzuführen.

Obwohl in diesen Sitzungen seine Genitalien nicht berührt wurden, machte Klaus Jürgen Becker in einer dieser Sitzungen eine tiefe orgiastische Erfahrung, die alle seine „auf normale Weise" erfahrenen Orgasmen um ein Vielfaches überstieg. In weiteren Sitzungen wiederholten sich diese Erfahrungen. Klaus Jürgen Becker kündigte seine Anstellung und wurde Schüler von Osho. Er entdeckte für sich einen tiefen Zusammenhang zwischen Sexualität, orgiastischer Potenz (im Sinne Wilhelm Reichs) und spiritueller Erfahrung. Er begann, Tantra, Massage und Atemtechniken zu studieren, und machte eine Ausbildung zum *Life Coach* und Lebensberater. Zugleich bildet er sich laufend in der Kunst der Meditation fort und gibt Kurse in dynamischer wie in stiller Meditation.

In der Beraterpraxis, die Klaus Jürgen Becker zusammen mit seiner Partnerin in der Nähe von München betreibt, unterstützt er Einzelpersonen und Paare darin, Liebe, Mitgefühl, Bewusstheit in einem erfüllten Leben zu verankern. Zudem leitet er Seminare und Kurse zu verschiedenen Themen.

Weitere Informationen:

Klaus Jürgen Becker
Hauptstr. 28 · 82229 Seefeld
Website: *www.klausjuergenbecker.de*
E-Mail: *klaus@klausjuergenbecker.de*

Felix Aeschbacher, Jahrgang 1951, ist Kommunikations-Trainer und Studienleiter der *Internationalen Akademie der Wissenschaften (IAW)*. Seit Anfang der 1970er-Jahre befasst er sich mit den geistigen Wissenschaften und mit der geistigen Lösung von Problemen. 1983 gelang ihm der Durchbruch mit wesentlichen Erkenntnissen über psycho- und mentalkybernetische Erfolgsprinzipien. Seit dieser Zeit sieht er seine Lebensaufgabe darin, Menschen aller Altersstufen – vor allem im Managementbereich – die Prinzipien von „Erfolg, Gesundheit und Harmonie" nahezubringen. Felix Aeschbacher hält bei Erwachsenenbildungsstätten, Institutionen und Unternehmen Seminare und gibt Beratungen. Als Geschäftsführer der *IAW* ist er für das Seminar- und Verlags-Marketing zuständig.

Seine Spezialgebiete sind:

Meditations-Training
Mental-Training und Mental-Coaching
Bewusstseins-Training und Bewusstseins-Coaching
Erfolgs-Training und Erfolgs-Coaching
Intuitions-Training
Ausbildung von Trainern und Seminarleitern

Weitere Informationen: *www.iadw.com*

Michaela Riedl

Yoni-Massage

„Yoni" ist der Sanskrit-Begriff für die weiblichen Genitalien – in ihrer anatomischen, energetischen und spirituellen Dimension. Die Yoni-Massage wurde 1993 von Josef Kramer und Annie Sprinkle entwickelt und geht auf die moderne Sexualforschung und Körperarbeit, auf Tantra und Taoismus zurück. Dieses Buch zeigt Frauen einen neuen Weg zu ihrer Weiblichkeit, zu mehr Lebendigkeit, Heilung und Lust. Für Männer ist es eine Einladung, mehr über das Mysterium „Frau" zu erfahren. Es bietet umfassende Informationen und Übungen zur weiblichen Sexualität und einen Schritt-für-Schritt-Kurs der Yoni-Massage.

195 Seiten, Hardcover
mit zahlreichen Fotos und Abbildungen
Euro 19,90 (D)/ca. sFr. 34,50
ISBN 978-3-934647-05-3

Michaela Riedl & Jürgen Becker

Lingam-Massage

Die Lingam-Massage eröffnet Männern einen tiefen Zugang zu ihrer Männlichkeit, zu ihrer Sexualität. Ein Praxisbuch für Männer und Frauen, die diese Massage Schritt für Schritt erlernen möchten – mit einer Einführung in die anatomischen, physiologischen und energetischen Aspekte männlicher Sexualität und vielen lebendigen Erfahrungsberichten. Illustriert mit zahlreichen Fotos und Zeichnungen.

219 Seiten, Hardcover
mit zahlreichen Fotos und Abbildungen
Euro 19,90 (D)/ca. sFr. 34,50
ISBN 978-3-939570-37-0

Hans-Nietsch-Verlag · Am Himmelreich 7 · D-79312 Emmendingen
www.nietsch.de · info@nietsch.de